大学科普丛书

第一辑 潘复生主编

Meet Gore and Snowden in the Digital Fortress

在数字城堡遇见戈尔和斯诺登

江晓原科学评论集

江晓原◎著

科学出版社

北京

图书在版编目 (CIP) 数据

在数字城堡遇见戈尔和斯诺登：江晓原科学评论集 / 江晓原著 .
—北京：科学出版社，2017.9
（大学科普丛书 . 第一辑）
ISBN 978-7-03-054349-3

Ⅰ. ①在…　Ⅱ. ①江…　Ⅲ. ①科学知识 – 普及读物　Ⅳ. ① Z228

中国版本图书馆 CIP 数据核字（2017）第 218946 号

丛书策划：侯俊琳
责任编辑：张　莉　/ 责任校对：何艳萍
责任印制：吴兆东　/ 封面设计：有道文化
编辑部电话：010-64035853
E-mail:houjunlin@mail. sciencep.com

科学出版社 出版
北京东黄城根北街 16 号
邮政编码：100717
http://www.sciencep.com
北京厚诚则铭印刷科技有限公司印刷
科学出版社发行　各地新华书店经销
*
2017 年 9 月第　一　版　开本：720 × 1000　1/16
2025 年 2 月第四次印刷　印张：12 1/2
字数：175 000
定价：45.00 元
（如有印装质量问题，我社负责调换）

总 序

人类历史是一部探索自然和社会发展规律的编年史。无论是混沌朦胧的原始社会，还是文明开化的现代社会，人类对自身的所处所在都充满了与生俱来的天然好奇心。在历史发展的长河中，通过不断地传承、质疑、探索、扬弃，人类在认知自我、认知自然、认知社会的过程中集聚了强大的思想动能，为凸显人类理性光辉、丰富人类精神生活、推动人类社会持续进步提供了有力的精神武器。科学，作为运用范畴、定理、定律等形式反映现实世界各种现象的本质、特性、关系和规律的知识体系，既可以解释已知的事实，也可以预言未知的新的事实，在人类文明发展中始终扮演着重要的角色，随着人类对未知世界深入探索，在当今以至未来社会，科学知识的普及和传播必将发挥越来越重要的作用！

2016 年 5 月 30 日，习近平总书记在全国科技创新大会、两院院士大会、中国科学技术协会第九次全国代表大会上发表重要讲话，提出了“到新中国成立 100 年时使我国成为世界科技强国”的奋斗目标。总书记还强调，“科技创新、科学普及是实现创新发展的两翼，要把科学普及放在与科技创新同等重要的位置。没有全民科学素质普遍提高，就难以建立起宏大的高素质创新大军，难以实现科技成果快速转化。希望广大科技工作者以提高全民科学素质为己任，把普及科学知识、弘扬科学精神、传播科学思想、倡导科学方法作为义不容辞的责任，在全社会推动形成讲科学、爱科学、学科学、用科学的良好氛围。”从中可以看出：科学普及不仅是推动经济发展、提升公民科学素养的必要手段，而且也应该成为高等院校和科研机构服务社会的重要职责。

在当前国内科普图书市场上，原创科普佳作依然难得一见，广受关注和好评的还多数是引进版，这与我国科研水平快速提升的现状极不相称。近年来，科学普及受到全球各国政府、社会组织以及公众的高度重视，形成了快速发展态势，科学普及工作也有了很多新的变化。在现代科学传播理念的指引下，科学普及既要关注科学的产生、形成、发展及其演变规律，包括人类认识自然和改造自然的历史；也要关注自然界的一般规律、科学技术活动的基本方法和科学技术与社会的相互作用等问题。科学普及不仅要传播自然科学和人文社会科学知识，更要积极引导公众在德、智、体、美等方面的全面发展。因此，需要不断创新，务求实效。

由重庆市科学技术协会主管、重庆市大学科学传播研究会主办、面向全国的《大学科普》杂志，自2007年创刊以来，始终以“普及科学知识，创新科学方法，传播科学思想，弘扬科学精神，恪守科学道德”为己任，致力于推动大学与社会的结合，通过组织全国科学家解读科学发现和技术发明，创作高水平的科普文章和开展丰富多彩的科普活动，激发公众的科学热情，传播科学精神和创新精神，在全国科普界独树一帜，影响深远，为提升全民科学素养做出了积极的贡献。

十年磨一剑，砺得梅花香。《大学科普》杂志围绕广受公众关注的科技话题，通过严谨而细致的长期打磨，积累了丰富的高校科普资源，全国一大批科技工作者由此走上科普创作之路，在此基础上，组织一套原创科普佳作可谓水到渠成。科学出版社对科普工作高度重视，双方经过一年多的合作策划，形成了明确的丛书组织思路，汇集了全国众多来自高等院校和科教机构的优秀科普专家，以科学技术史、科技哲学、科学学、教育学和传播学等学科为支撑，将自然科学、工程技术科学和人文社会科学等融合传播，力求带给读者全新的科学阅读体验，真正起到激发科学热情、传播科学思想、弘扬科学精神的作用。在此，我们也热忱期待有更多科学家和科普工作者加入这一行列，为全民科学素养的提升、为国家创新发展贡献出智慧和力量！

中国工程院　院　士
中国材料研究学会　理事长
吉林大学　校　长

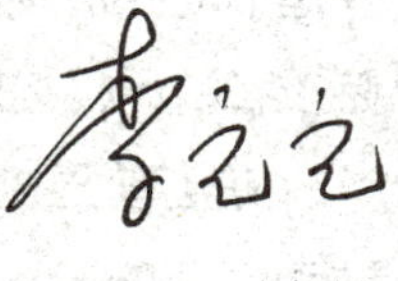

2017年3月20日

自　序

大致点算了一下，这已经是我个人的第 23 本文集了。

比较特殊的是，这本文集不是我自己编的，而是朋友们为我编的，他们说是因为喜欢我的这些文章。2016 年夏天，我在巴黎客舍中，接到了朋友为我编好的初稿。承他们青眼，喜欢这些被他们编入的文章，这当然让我有点受宠若惊，我不得不接着往下工作：调整篇目和顺序，又将其中一篇文章的标题取作这个“哗众取宠”的书名——反正我自己早就招认已经“堕落”为标题党了。

副标题“江晓原科学评论集”也出自模仿，2015 年《江晓原科幻电影指南》出版，2016 年还荣获第八届吴大猷科学普及著作奖，我抱着游戏心态，决定将那书名模仿一回。

坦率地说，本书中并未包括我最“离经叛道”的那些文章。从风格上看，那些文章思想性更强，论辩色彩更浓。但既然朋友们认为本书中的文章更为雅俗共赏，更让他们喜欢，我当然也乐从其意。况且我的思想倾向是贯彻在我所有写作中的，或者换句话说，只有表达方式或强烈程度有所不同而已。

我一贯主张，科普——如果我们还舍不得放弃这个词汇的话——不能仅限于向公众普及科学知识，还应该帮助公众全方位地认识科学，包括它的历史、它的局限性、它和现代资本之间的密切关系、它对社会的正面和负面影响，等等。而在更广阔的视野中，用“科学传播”这个含义更为丰富的措辞来取代“科普”这个传统说法，从理论和实践的层面来看，无疑都是非常有益的。

更不可取的，则是“跪倒”在科学面前，对科学无限崇拜，毫无反思。许多传统科普作品或多或少都有着这样的倾向。在这些作品中，科学被描绘成一种无限美好、至善全能的精神“上帝”，科学成为人类生活的目的和崇拜的对象，人类的幸福已经被当作“科学发展”祭坛上的牺牲。这就完全忘记了人类最初和科学打交道时的“初心”——归根到底，科学只是人类用来追求幸福的工具之一。

本书分为三个单元。第一单元“带质疑眼光的科学外史”，主要是通过一些案例，呈现或揭示科学的局限性，这种局限性在通常的科普作品中都是被刻意回避的；第二单元“不被人们注意的科学外史”，主要是一些通常不会进入传统科学史视野的案例；第三单元“与科幻有关的科学外史”，则通过一些有趣的案例，强烈展示了这样一种历史图景：科幻与科学前沿活动之间，并不存在明确的分界。

“外史”是一个有双重含义的表达，也是我个人相当偏爱的书名——我已经有三本书用了“外史”做书名：《天学外史》（上海人民出版社，1995；上海交通大学出版社，2016）、《科学外史》（复旦大学出版社，2013；上海人民出版社，2017）、《科学外史 II》（复旦大学出版社，2014）。

在中国传统文化中，“外史”通常指“正史”之外的历史叙述，从内容上看它比“野史”可信，从形式上看它比“正史”可读。而我所写的这些“外史”，都是有史料依据的，没有任何虚构成分。

“外史”的另一个用法，则“学术”得多，主要是针对科学史领域中注重科学与社会文化互动的研究路径和风格而言的。与此对应，那些主要关注科学技术本身历史的研究被称为“内史”研究。

至于本书副标题为何取名“江晓原科学评论集”，主要是着眼于本书的写作风格——基本上每篇都有着评论的姿态。我不满足于仅仅介绍科学知识，还要发表评论，甚至进行批评。这和我所主张的“平视科学”的精神姿态是完全一致的。

江晓原

于上海交通大学科学史与科学文化研究院

2017年8月1日

目　录

一、带质疑眼光的科学外史

古代中国宇宙有希腊影子吗?

古代中国宇宙理论中的一个谜案

古代中国的宇宙学说虽有所谓六家之说，但其中的昕天说、穹天说、安天说，其实基本上徒有其名；即使是李约瑟极力推崇的宣夜说，也未能引导出哪怕非常初步的数理天文学系统，即对日常天象的解释和数学描述，以及对未来天象的推算。所以真正称得上“宇宙学说”的，不过两家而已，即盖天说和浑天说。

《周髀算经》中的盖天说，是中国古代天学中唯一的公理化几何体系。尽管比较粗糙、幼稚，但其中的宇宙模型有明确的几何结构，由这一结构进行推理演绎时，也有具体的、绝大部分能够自洽的数理。所以，盖天说不失为中国古代一个初具规模的数理天文学体系，但是它的构成中有明显的印度和希腊来源。

与盖天说相比，浑天说在中国天文学史上的地位要高得多——事实上它是在中国古代占统治地位的主流学说。然而它却没有一部像《周髀算经》那样系统陈述其学说的著作。浑天说的纲领性文献，居然只流传下来一段二百来字的记载，即唐代瞿昙悉达编的《开元占经》卷一所引《张衡浑仪注》，全文如下：

> 浑天如鸡子。天体（这里意为“天的形体”）圆如弹丸，地如鸡子中黄，孤居于内。天大而地小。天表里有水，水之包地，犹壳之裹黄。天地各乘气而立，载水而浮。周天三百六十五度又四分度之一，又中分之，则一百八十二分之五覆地上，

一百八十二分之五绕地下。故二十八宿半见半隐。其两端谓之南北极。北极乃天之中也，在正北，出地上三十六度。然则北极上规径七十二度，常见不隐；南极天之中也，在南入地三十六度，南极下规径七十二度，常伏不见。两极相去一百八十二度半强。天转如车毂之运也，周旋无端，其形浑浑，故曰浑天也。

这段二百来字的记载中，还因为“排比”而浪费了好几句的篇幅。难道这就是统治中国天学两三千年的浑天说的基本理论？如果和《周髀算经》中的盖天理论相比，这未免也太简陋、太“山寨”了吧？但问题还远远不止于此。在上面那段文献中，还有一个非常关键的细节，很长时间一直没有被学者们注意到。

这个关键细节就是上文中的北极“出地上三十六度”，意思是说，北天极的地平高度是三十六度。

球面天文学常识告诉我们，北天极的地平高度并不是一个常数，它是随着观测者所在的地理纬度而变的——它在数值上恰好等于当地的地理纬度。因此对于一个宇宙模型来说，北天极的地平高度并不是一个必要的参数。但是在上面那段文献中，作者显然不是这样认为的，所以他一本正经地将北天极的地平高度当作一个重要的基本数据来陈述。

这个费解的细节提示了什么呢？

上面这段文献有可能并非全璧，而只是残剩下来的一部分。从内容上看，它很像是在描述某个演示浑天理论的仪器——中国古代将这样的仪器称为“浑仪”或“浑象”。一个很容易设想的、合乎常情的解释是，在上述文献所描述的这个仪器上，北天极是被装置成地平高度为三十六度的。而我们根据天文学常识可以肯定的是，任何依据浑天理论建造的天象观测仪器或天象演示仪器，当它是在纬度为三十六度的地区使用时，它的北天极就会被装置成地平高度为三十六度。

所以，这个费解的细节很可能提示了浑天说来自一个纬度为三十六度的地方。

神秘的北极出地三十六度

浑天说在古代中国的起源，一直是个未解之谜。可能的起源时间，大抵在西汉初至东汉之间，最晚也就到东汉张衡的时代。认为西汉初年已有浑天说，主要依据两汉之际扬雄《法言·重黎》中的一段话：

> 或问浑天，曰：落下闳营之，鲜于妄人度之，耿中丞象之。

一些学者认为，这表明落下闳（活动于汉武帝时）的时代已经有了浑仪和浑天说，因为浑仪就是依据浑天说而设计的。也有学者强烈否认那时已有浑仪，但仍然相信是落下闳创始了浑天说。迄今未有公认的结论。在《法言·重黎》这段话中，“营之”可以理解为“建构了理论”或“设计了结构”；“度之”可以理解为“确定了参数”；“象之”则显然就是“造了一个仪器来演示它”。

如果我们打开地图寻求印证，来推断浑天说创立的地点，那么在上述两段历史文献中，可能与浑天说创立有关系的地点只有三个：

长安，落下闳等天学家被招来此地进行改历活动；

洛阳，张衡在此处两次任太史令；

巴蜀，落下闳的故乡。

在我们检查上述三个地点的地理纬度之前，还有一个枝节问题需要注意：在《张衡浑仪注》中提到的“度”，都是指“中国古度”，中国古度与西方的360°圆周之间有如下的换算关系：1中国古度＝360°/365.25°≈0.9856°。

因此北极“出地上三十六度”转换成现代的说法就是：北极的地平高度为35.48°。

现在让我们来看长安、洛阳、巴蜀的地理纬度。考虑到在本文的问题中，并不需要非常高的精度，所以我们不妨用今天西安、洛阳、巴中三个城市的地理纬度来代表：

西安：北纬34.17°；

洛阳：北纬 34.41°；

巴中：北纬 31.51°。

它们和《张衡浑仪注》中北极“出地三十六度”所要求的北纬 35.48° 都有 1° 以上的差别。综合考虑中国汉代的天文观测水准，观测误差超过 1° 是难以想象的，何况是作为基本参数的数值，误差不可能如此之大。

这样一来问题就大了——浑天说到底是在什么地方创立的呢？创立地点一旦没有着落，创立时间会不会也跟着出问题呢？

向西向西再向西

既然地图已经铺开，那我们干脆画一条北纬 36° 或 35.48° 的等纬度线，由中土向西一直画过去，看看我们会遇到什么特殊的地点？

这番富有浪漫主义色彩的地图作业，真的会将我们带到一个特殊的地点！

那个地方是希腊东部的罗得岛（Rhodes），纬度恰为北纬 36°。这个岛曾以“世界七大奇迹”之一的太阳神雕像著称，但是使它在世界天文学史上占有特殊地位的，则是古希腊伟大的天文学家希帕恰斯（常见的希腊文拉丁转写为 Hipparchus）。希帕恰斯长期在这个岛上工作，这里有他的天文台。

我的博士研究生毛丹是一个希腊迷，他为这番地图作业提供了新的进展。罗得岛的革弥诺斯（Geminus）活跃于公元前后，著有《天文学导论》，共 18 章，其中论述往往以罗得岛为参照点，他在第五章中写道：

> ……关于天球仪的描绘，子午线划分如下，整个子午圈被分为 60 等份时，北极圈（北天极附近的恒显圈）被描绘成距离北极点 6/60（36°）。

也就是说，当时革弥诺斯所见的天球仪的“北极出地”就是

36°，这恰好就是罗得岛的地理纬度。

为什么这时候可以不考虑35.48°了呢？理由是这样的：如果在公元前后或稍后的某个年代，有人向某个中国人（比方说那段传世的《张衡浑仪注》的作者或记录者）描述或转述一架罗得岛上的天球仪，那天球仪上的北极出地36°，对于一个不是非常专业的听众或转述者来说，都很容易将它和中国古度的三十六度视同等价。

上面这个故事，并非十分异想天开，我们不难找到一些旁证。例如，在《周髀算经》的盖天说中，就包含了古希腊人所知道的地球寒暑五带知识，而这样的知识完全不是中国本土的——在汉代赵爽为《周髀算经》作注时，他仍明确表示无法相信。

看来，在古代中国的宇宙模型中，早就有古希腊的影子若隐若现了。

勾股定理的荣誉到底应该归谁?

勾股定理本来只是一个相当普通的几何定理，只不过它在现实生活中有广泛的应用，使得它在一大堆几何定理中仿佛鹤立鸡群，有着特别大的知名度，围绕着发现或证明它的荣誉，也就出现了不少竞争者。

是“毕达哥拉斯定理”还是“商高定理”？

勾股定理在西方被称为“毕达哥拉斯定理”，毕达哥拉斯（Pythagoras）其人生活在公元前 6 ～前 5 世纪之交。其实在毕达哥拉斯之前一千多年，古代巴比伦人已经知道勾股定理，况且毕达哥拉斯本人是否对勾股定理作出过证明，至今并无确切证据。所以，如果将毕达哥拉斯视为勾股定理荣誉的第一候选人，那他的资格并不牢靠。

近代西学东渐之后，中国人得知这个在中国“古已有之”的定理，被西方人归于毕达哥拉斯名下，难免有些失落。这种失落感驱使一些中国学者加入了对勾股定理荣誉的争夺战。20 世纪 20 年代，一些中国的数学教科书中开始将勾股定理命名为“商高定理”。这种做法在 20 世纪中叶之后一度得到不少人士的支持，其流风遗韵，直至已经开始改革开放的 20 世纪 80 年代，偶尔仍可一见。

将勾股定理称为“商高定理”，理由是这样的：在中国古籍《周髀算经》中，全书第一节就记载着一个名叫商高的人，对周公讲了这样一段话：“析矩以为勾广三，股修四，径隅五。既方其外，半之一矩，得成三四五。两矩共长二十有五，是谓积矩。”这段话毫无疑问是在谈论勾股定理，而周公大约生活在公元前 11 世纪，商高既和周公谈话，当然是周公的同时代人，这就比毕达哥拉斯早了数百年，所以商高理应获得勾股定理的荣誉。

可惜的是，上面这段推论中有两个严重问题。第一个问题，前辈数学史专家钱宝琮在1929年就指出，他认为将勾股定理称为“商高定理”用意虽好，但“算学名词宜求信达，周公同时有无商高其人，《周髀》之术，姑不具论；籍曰有之，亦不过当时知有勾三股四弦五之率耳，不足以言勾股通例也。中国勾股算术至西汉时《周髀算经》撰著时代始有萌芽，实较希腊诸家几何学为晚。题曰商高，似属未妥。”

另一个问题是，陈述一个定理，和证明一个定理，是两件非常不同的事情。例如“大偶数可表为两素数之和”是对哥德巴赫猜想的陈述，但对该猜想的证明至今尚未完成。商高和周公的谈话中，商高只是陈述了勾股定理在勾三股四弦五时的特例，既没有给出定理的普适形式，更未给出定理的证明。况且历史上是否真有商高其人，也还没有确切证据，因为在战国秦汉之际的著作中，托引古人是一种流行的修辞方式。所以商高如果作为勾股定理荣誉的候选人，他的资格还不如毕达哥拉斯牢靠。

对勾股定理的370种证明

在毕达哥拉斯身后的两千多年中，西方世界的学者不断给出各种各样的对勾股定理的证明，前后竟有370种以上。

其中欧几里得（Euclid）在《几何原本》第一卷的命题47中，给出了一个特别简洁而优美的证明。他依据“等面积原理”，采用图形移补之法，证明了在直角三角形的普遍情形中，勾的长度所对应的面积，加上股的长度所对应的面积，其和恰好等于弦的长度所对应的面积，从而证明了勾股定理。后来一些著名的证明也继承了欧几里得的思路，比如达·芬奇（L. da Vinici）、威伯（Wipper）、爱泼斯坦（Epstein）、潘利迦（H. Perigal）等人的证明，依据的都是“等面积原理”。

这里需要说一说《周髀算经》中涉及勾股定理的一些细节，因为这里有中国人和勾股定理之间历史渊源的足迹。除了前面说到的第一节中商高对周公陈述的勾股定理在勾三股四弦五时的特例，在第三节还有一处，在讨论如何立表来测日影时，也应用了勾股定理在勾三股四弦五时的特例，不过这次乘上了共同的系数2。

但是，要在《周髀算经》中寻找超出勾三股四弦五特例的勾股定理踪迹，也不是一无所得的。在第四节中，出现了三个数值，根据上下文并进行数学运算，可以断定的是这三组数值可以应用勾股定理求得，而此时应用的勾股定理并非勾三股四弦五的特例。当然这并未完全排除该三组数值由更为复杂的数学工具求得的可能性，但从《周髀算经》成书年代的历史背景来看，这种可能性非常之小。

目前学术界主流的看法认为，《周髀算经》大约成书于公元前100年左右。在这个文本中，只出现了对勾股定理的陈述和应用，但是完全没有给出对勾股定理的证明。这里可以顺便提到，在古罗马工程师维特鲁威（Vitruvius）著名的《建筑十书》中，也只陈述了勾三股四弦五特例的勾股定理。《建筑十书》的成书年代与《周髀算经》约略相同（公元前1世纪），上距欧几里得给出对勾股定理的优美普适证明已有约两百年了。

在《周髀算经》成书大约300年后，东汉末年的学者赵爽为《周髀算经》作注，赵爽给出了勾股定理的普适情形及有效证明，这才是中国人完成的对勾股定理的真正证明。赵爽依据的也是“等面积原理”，和欧几里得等人倒是不约而同，不过赵爽的工作比欧几里得晚了约500年。

荣誉争夺战中的“费厄泼赖”

在梳理上述史实之后，我们已经可以清楚地看到，将勾股定理称为“商高定理”，是缺乏依据的。商高是否实有其人姑且不说，就算真有其人，《周髀算经》记载的他与周公的谈话中也没有给出勾股定理的普适情形，更没有给出证明。从年代上来说，无论是《周髀算经》的成书年代，还是赵爽给出勾股定理证明的年代，都明显在欧几里得之后，所以中国人在年代上也没有优先权。

那么继续将勾股定理称为“毕达哥拉斯定理”有没有问题呢？看起来也有问题。因为现在不知道毕达哥拉斯是否给出过有效的证明——反正那370种证明中没有毕达哥拉斯的份。维特鲁威在《建筑十书》中也只是说，毕达哥拉斯“发现”了勾股定理，维特鲁威还记载轶事说：“他相信这一发现是由穆萨厄启示的，据说非常感谢，就向穆萨厄进献了牺牲。”但“发现”当然不等于证明，就像我们当然也可以将《周髀算经》中商高对勾股定理的陈述视为“发现”，但这不是证明。

将勾股定理称为欧几里得定理也是不妥的。如果欧几里得可以获得此项荣誉，那么370种证明的提出者们都可以主张自己对此项荣誉的权利了。靠名头大小来决定也不能解决问题，比如达·芬奇的名头，也不见得比欧几里得小吧？况且欧几里得在《几何原本》中证明的定理也太多了，如何分辨欧几里得定理是指哪一个呢？恐怕他自己也不会太在乎这个相当初级的勾股定理吧？

在搞科学史的人中间，确实有不少人对于“荣誉争夺战”情有独钟，他们喜欢为了某人的某项荣誉而精神抖擞地展开论战。平心而论，这种“荣誉争夺战”对于科学史研究有时也确实不无促进作用。不过在我看来，即使加入这种“荣誉争夺战”，也应该尽量讲求“费厄泼赖”，意气用事、民族沙文主义、将学术问题政治化或意识形态化等，都是违背“费厄泼赖”精神的。最好的做法，应该是尽量避免开启战端——所以将这个朴素的定理就朴朴素素地称之为“勾股定理”，是最稳妥的。

司南：迄今为止只是一个传说

司南神话的基础

随着前些时候围绕候风地动仪真假问题的争议，这个曾出现在中国中小学课本中的“中国古代科技成就”，基本上可以认定只是一个古代的传说。许多年轻人曾对这件器物的存在深信不疑，现在他们颇有上当受骗之感。

2010 年年底，我应邀评议一套新编的小学《科学》课本，发现另一件中国古代器物——司南——也出现在课本上：“在 2000 多年前，中国人就制作了司南。将一块天然磁石雕磨成匙状，让它在刻有方位的水平底盘面上自由地转动，结果磁石的匙柄总是指向南方。”当时我建议再版时将上面引的这段话去掉，或者至少将司南的插图去掉。因为我感到司南将成为紧随地动仪后下一个进入公众视野的争议对象（学术界的争议此前就有）。没想到我的感觉竟如此准确——这样的争议文章在 2011 年 1 月的《看历史》杂志上就出现了。

为什么司南会成为下一个进入公众视野的争议对象？这就是“城门失火殃及池鱼”的道理。当地动仪神话垮掉之后，和它同类的司南神话就很难独善其身。更何况仅就古代文献依据而言，司南还不如地动仪可靠。

建构司南神话所依据的历史文献，最重要的是如下两条：

> 夫人臣之侵其主也，如地形焉，即渐以往，使人主失端，东西易面而不自知。故先王立司南以端朝夕。（《韩非子·有度》）

司南之杓，投之于地，其柢指南。(《论衡·是应篇》)

为了将司南——它被视为后世指南针的基础——的历史提前到汉代乃至先秦，从而确保中国“四大发明”的优先权，上面这两条史料是至关重要的。不幸的是，这两条史料都有严重问题。它们都可以（甚至应该）作别的解释。

《韩非子·有度》中的那一条，明显是在讨论人主如何保持权柄不让臣下犯上，“端朝夕”是指严肃君臣之礼——早上人主召见臣下。故此处“司南”显然是指“规章”“礼制”之类的抽象事物。

《论衡·是应篇》中的那一条，在宋代版本中“司南之杓”作“司南之酌”，而“酌”可以解释为“用”；更成问题的是“其柢指南”中的“柢”，意思是一段横木。于是这段话就可以释读为：“使用司南时，将它放在地上，那段横木指向南方。”这样的“司南”是什么？一眼就可以看出它是“指南车”，而不是能指南的磁石勺子。

究竟有没有人造出过一具真的司南？

那么，这个多年来一直出现在中小学课本中的“天然磁石勺子”的司南图像，究竟是从何而来的呢？它其实是来自科技考古专家王振铎（1911—1992）的假想。

王振铎从20世纪30年代开始，受中央研究院委托研制中国古代科技模型。50年代起，他曾任文化部文物局博物馆处处长、中国历史博物馆研究员等职。和一些古人一样，他是相信司南神话的。他从1945年即开始复制司南，依据的就是《论衡·是应篇》中的那条记载——他用的是明版的文本“司南之杓”，所以他将司南假想为一个能指南的磁石勺子。在1947年发表的一篇论文中，王振铎报告说他用天然磁石制成了司南：“琢珑成司南后，置于地盘（仿自刻有方位的古代式盘）上投转之……其杓指南。”

我以前曾将指南车、候风地动仪、水运仪象台称为中国古代的“三大奇器”，如果加上司南，可称“四大奇器”。这“四大奇器”王振铎全都复制过。尽管究竟怎样才算“复制”其实是有疑问的（详见下文），但王振铎当时的权威和名声已足以让许多人相信他论文中的报告。一个有力的例证，是我国在1953年发行邮票《伟大的祖国》（特7.4，全套4枚），其中第一枚即为司南，说明文字为：“司南·指南仪器·战国（公元前3世纪）”。发行邮票是国家行为，通常意味着得到了官方的高度认可。

我国于1953年发行的邮票上的司南

发行邮票当然会对公众产生广泛影响，而在学术界，王振铎复制司南的报告也得到了相当广泛的认可。比如，在李约瑟原著、柯林·罗南改编的《中华科学文明史》中，就肯定了王振铎“用天然磁石做成的指南勺”，并说“他所用的磁石来自汉代人几乎肯定也能找到的地方”（上海人民出版社，2010年，第585页）。又如，在戴念祖等著的《中国物理学史》中，专为司南设立了一小节，结论是：“司南诞生于汉代，或更早的战国时期。自汉以降，司南屡被制造并被用作定向仪器。”（广西教育出版社，2006年，第204页）

但是，1952年，当时的中国科学院院长郭沫若为访问苏联准备礼物时，请中国科学院物理研究所制作一具司南，谁知用天然磁石制作的司南却无论如何无法指南。主要原因是，即使将磁石加工得极为光滑，并且将地盘的材质从木质换成青铜，天然磁石的磁力仍远不足以克服磁勺和地盘之间的摩擦力。最后只好用电磁线圈给磁勺充磁，它才能够指南。虽然这具司南还是被作为礼物送给了苏联，但战国或汉代当然不可能有充磁的电磁线圈，所以它已经不是真正的“复制”了。

当时王振铎正担任文化部文物局博物馆处处长，人们很自然会想到，他在1947年论文中报告的那具用天然磁石制成的司南究竟在哪里呢？杨东晓发表在《看历史》上的文章中说：“这把能指南的天然磁勺，除了在论文中出现过之外，却再也没有音讯。当《看历史》杂志记者向国家博物馆考古学家孙机求证时，孙机表示，国博的研究者们至今没有见过这把天然磁勺。”后来博物馆中的司南陈列品，则都是用充过磁的金属制成。

其实，对于王振铎复制成功天然磁石司南的疑问，即使在上述两种肯定司南复制的学术著作中，也不无蛛丝马迹。李约瑟说“指南勺不可能是用磁化了的铁制成的”；戴念祖则说“王振铎复制司南太考究，以致其复制品的剩余磁性极弱”。他们为何要这么说？这是委婉的暗示吗？

中国科学史上“四大奇器”之命运列表

对古代仪器真正意义上的复制，必须同时满足两个条件。

第一，复制品要达到古代文献中记载的功能，比如司南要能指南，候风地动仪要能反映地震，水运仪象台要能靠水力驱动并完成自动报时和天象演示。

第二，复制品不能使用古代记载中不存在的技术手段，比如用电磁线圈对磁勺充磁，或在水运仪象台内部安装电动机。

按照上述两个条件，司南违反了第二条，候风地动仪至少违反了第一条。前不久又有人高调宣布“复制”候风地动仪成功，但是此后地震频仍，最近的日本地震达到9级，为何不见该地动仪成功反应的报告？至于水运仪象台，复制者众多，而且往往缩小了比例（历史文献记载中水运仪象台高约12米，王振铎复制品缩小为1/5），但至今没有一座能够真正依靠水力运行，也至少违反了第一条。只有指南车，上述两个条件都能满足。

如将“四大奇器”合而观之，情况可归纳如表1。

表1“四大奇器”的基本情况

情况 / 奇器	有无历史文献记载	记载中有无内部结构描述	现代复制是否公认真正成功	是真有如此奇器，还是传说
司南	有	不需要	否	传说
指南车	有	无	是	可信其有
候风地动仪	有	无	否	传说
水运仪象台	有	相当详细	否	传说

故本文的结论是：“四大奇器”之中，目前只有指南车复制成功，可以相信古代确有其物。而司南、候风地动仪、水运仪象台三器，迄今为止只能认为是古代的传说——即使曾有过其物，其神奇功能也只是传说。

除非今后出土了司南实物，或真正复制成功，结论方有可能改变。

古代中国到底有没有地圆学说?

中国古代地圆学说的文献证据

标题中的问题，是在明末西方地圆说传入中国，并被一部分中国学者接受之后，才产生的。而在很长一段时期内，由于中国学者热衷于为祖先争荣誉，对于这个问题的答案，几乎是众口一词的“有”。但是这个问题其实也有一点复杂，并非简单的“有”或“没有”所能解决。

认为中国古代有地圆学说，主要有如下几条文献：

《庄子·天下篇》引惠施：南方无穷而有穷。……我知天下之中央，燕之北、越之南是也。

东汉时张衡《浑天仪图注》：浑天如鸡子。天体圆如弹丸，地如鸡中黄，孤居于内，天大而地小。天表里有水。天之包地，犹壳之裹黄。

三国时王蕃《浑天象说》：天地之体状如鸟卵，天包于地外，犹卵之裹黄，周旋无端，其形浑浑然，故曰浑天。其术以为天半覆地上，半在地下，其南北极持其两端，其天与日月星宿斜而回转。

惠施的话，如果假定地球是圆的，可以讲得通，所以被视为地圆学说的证据之一。后面两条，则已明确断言大地为球形。所以，许多人据此相信中国古代已有地圆学说。

但是，所谓“地圆学说”，并不是承认地球是球形就了事了。

西方地圆学说的两大要点

在古希腊天文学中，地圆学说是与整个球面天文学体系——该体系直到两千多年后今天的现代天文学中仍被几乎原封不动地使用着——紧密联系在一起的。西方的地圆说实际有两大要点：

第一，大地为球形；

第二，地球与“天”相比非常之小。

第一点容易理解，但第二点的重要性就不那么直观了。

在球面天文学中，只有极少数情况，比如考虑地平视差、月蚀等问题时，才需要考虑地球自身的尺度，而在绝大部分情况下都是忽略地球自身尺度的，即视地球为一个点。这样的忽略不仅完全合理，而且非常必要。这只需看一看下面的数据就不难明白：地球半径与地日距离两值之比约为 1∶23 456。

而地日距离在太阳系大行星中仅位列第三，太阳系的广阔已经可想而知。如果再进而考虑银河系、河外星系……那就更广阔无垠，地球尺度与此相比，确实可以忽略不计。古希腊人的宇宙虽以地球为中心，但他们发展出来的球面天文学却完全可以照搬到日心宇宙和现代宇宙体系中使用——球面天文学本来就是测量和计算天体方位的，而我们人类毕竟是在地球上进行测量的。

再回过头来看古代中国人关于大地的观念。古代中国人将天地比作鸡蛋，那么显然，在他们心目中，天与地的尺度是相去不远的，事实正是如此。下面是中国古代关于天地尺度的一些数据：

《尔雅·释天》：天球直径为 387 000 里；地离天球内壳 193 500 里。

《河洛纬·甄耀度》：天地相距 678 500 里。

杨炯《浑天赋》：周天也三百六十五度，其去地也九万一余里。

以《尔雅·释天》中的说法为例，地球半径与太阳——古代中国人认为所有日月星辰都处在同一天球球面上——距离之比是 1∶1。在这样的比例中，地球自身尺度就无论如何也不能忽略。

明末来华耶稣会士向中国输入欧洲天文学，其中当然有地圆之说，虽然他们很少正面陈述地球与天相比甚小这一点，但因为在西方天文学传统中一向将此视为当然之理，自然反映于其理论及数据之中。例如《崇祯历书》论五大行星与地球之间距离，给出如下数据：土星距离地球：10 550 地球半径；木星距离地球：3990 地球半径；火星距离地球：1745 地球半径……这些数据虽与现代天文学的结论不甚符合，但仍可看出在西方宇宙模型中，地球的尺度相对而言非常之小。又如《崇祯历书》认为，“恒星天”距离地球约为 14 000 地球半径之远，此值虽只有现代数值的一半多，毕竟并不离谱太远。

非常不幸的是，不忽略地球自身的尺度，就无法发展出古希腊人那样的球面天文学。学者们曾为古代中国为何未能发展出现代天文学找过许多原因，诸如几何学不发达、不使用黄道体系等，其实将地球看得太大，或许是致命的原因之一。然而从明末起，学者们常常忽视上述重大区别，力言西方地圆说在中国“古已有之”，许多当代论著也经常重复与古人相似的错误。

中国人接受地圆观念的困难

有一些证据表明，西方地圆观念在明末耶稣会士来华之前已经多次进入中国。例如，隋唐墓葬中出土的东罗马金币，其上多铸有地球图形。有时地球被握在君主手中，或是胜利女神站在地球上，有时是十字架立于地球之上，这就向中国人传递了大地为球形的观念。又如，在唐代瞿昙悉达翻译的印度历法《九执历》中，有“推阿修量法”，阿修量是太阳在月面所投下地球阴影的半径，这就意味着地球是一个球形。再如，元代西域天文学家扎马鲁丁向元世祖忽必烈进献西域仪象七件，其中就有地球仪。

明末耶稣会士向中国人传播地圆观念，曾受到相当强烈的排拒。例如，崇祯年间刊刻的宋应星著作《谈天》，其中谈到地圆说时说：

西人以地形为圆球，虚悬于中，凡物四面蚁附；且以玛八作之人与中华之人足行相抵。天体受诬，又酷于宣夜与周髀矣。

宋氏所引西人之说，显然来自利玛窦。而清初王夫之抨击西方地圆说甚烈，他既反对利玛窦地圆之说，也不相信这在西方古已有之。至于以控告耶稣会传教士著称的杨光先，攻击西方地圆之说，更在情理之中，杨氏说：

新法之妄，其病根起于彼教之舆图，谓覆载之内，万国之大地，总如一圆球。

另一方面，接受了西方天文学方法的中国学者，则在一定程度上完成了某种知识“同构”的过程。现今学术界公认比较有成就的明、清天文学家，如徐光启、李天经、王锡阐、梅文鼎、江永等，无一例外都顺利接受了地圆说。这一事实是意味深长的。一个重要原因，可能是西方地圆说所持的理由，比如向北行进可以见到北极星的地平高度增加、远方驶来的船先出现桅杆之尖、月蚀之时所见地影为圆形等，对于有天文学造诣的学者来说通常很容易接受。

这一时期中国学者如何对待西方地圆说，有一典型个案可资考察：

秀水张雍敬，字简庵，“刻苦学问，文笔矫然，特潜心于历术，久而有得，著《定历玉衡》”——应是阐述中国传统历法之作。朋友向他表示，这种传统天学已经过时，应该学习明末传入的西方天文学，建议他去走访梅文鼎，可得进益。张遂千里往访，梅文鼎大喜，留他作客，切磋天文学一年有余。事后张雍敬著《宣城游学记》一书，记录这一年中研讨切磋天文学之所得，书前有潘耒所作之序，其中记述说：

（张雍敬在宣城）逾年乃归，归而告余：赖此一行，得穷历法底蕴，始知中历西历各有短长，可以相成而不可偏废。朋友讲

> 习之益，有如是夫！既复出一编示余曰：吾于勿庵（梅文鼎）辩论者数百条，皆已剖析明了，去异就同，归于不疑之地。惟西人地圆如球之说，则决不敢从——与勿庵昆弟及汪乔年辈往复辩难，不下三四万言，此编是也。

《宣城游学记》原书已轶，看来该书主要是记录他们关于地圆问题的争论。值得注意的是，以梅文鼎之兼通中西天文学，更加之以其余数人，辩论一年之久，竟然仍未能说服张雍敬接受地圆概念，可见要接受西方地圆概念，对于一部分中国学者来说是何等困难。

中国古代到底有没有科学：争论及其意义

关于中国古代有没有科学的论战

中国古代到底有没有科学？这个问题虽谈不上有多热，但多年来也始终未冷下来，时不时会被人提起，或在争论别的问题时被涉及。

在20世纪初的一些著名中国学者看来，这根本就不是问题——他们认为中国古代当然没有科学。例如，1915年任鸿隽在《科学》创刊号上发表《说中国无科学的原因》，1922年冯友兰在《国际伦理学杂志》上用英文发表《为什么中国没有科学——对中国哲学的历史及其后果的一种解释》一文，直到1944年竺可桢发表《中国古代为什么没有产生自然科学？》一文，意见都是相同的。

中国古代有没有科学，很大程度上是一个定义问题。在20世纪初那些最先提出中国为什么无科学这一问题的人士心目中，"科学"的定义是相当明确而一致的："科学"是指在近代欧洲出现的科学理论、实验方法、机构组织、评判规则等一整套东西。上述诸人不约而同都使用这一定义。这个定义实在是非常自然的，因为大家心里都明白科学确实是从西方来的，在中国传统词汇中甚至没有"科学"这样一个词。

然而进入20世纪90年代后，中国古代有没有科学却越来越成为一个问题了——因为许多学者极力主张中国古代是有科学的。于是"有""无"两派，各逞利辩，倒是使得关于这一问题的思考深度和广度都有所拓展。

20世纪90年代初，拙著《天学真原》出版后，逐渐被"无"派当作一把有用的兵刃，不时拿它向“有”派挥舞——因为此书用大量史料和分析，论证了中国古代不存在现代意义上的天文学，这被认为不但在客观上从一个学科为“无”派提供了证据，并且还提供了新的论证思路。

另一方面则是“有”派的论证，比如先改变科学的定义，把科学定义成一种中国古代存在着的东西（至少是他们认为存在着的），然后断言中国古代有科学。谁都知道，只要在合适的定义之下，结论当然可以要什么有什么，只是这样做在实际上已经转换了论题。又如，因为“无”派通常认为现代科学的源头在古希腊，于是就试图论证西方古代也不存在科学，比如论证古希腊也不存在科学的源头，因此要么古代中国和西方半斤八两，大家没有科学；要么就允许使用极为宽泛的定义——这样就大家都有科学。

科学的定义和起源

美国威斯康星大学科学史教授戴维·林德伯格（David C. Lindberg）是中世纪科学史方面的权威，著有《西方科学的起源》一书，该书有一个极为冗长的副标题：“公元前六百年至公元一千四百五十年宗教、哲学和社会建制大背景下的欧洲科学传统”。林氏所谓的“科学”，就是指公元1450年之后的现代科学，他的“科学”定义，和当年任鸿隽、冯友兰、竺可桢等中国人所用是一样的。至于“科学”的起源，林氏主张考察公元前600年～公元1450年的欧洲科学传统，他主张现代科学的源头在古希腊。在此前提之下，他还强调中世纪与早期近代科学之间是连续的。

与此相比，国内“有”派人士则往往乐意采用宽泛无边的定义，例如，将“科学精神”定义为“实事求是”，听起来似乎也有道理，但这样的“科学精神”肯定已经在世界各民族、各文明中存在了几千几万年了，这样的“科学精神”又有什么意义呢？采用任何类似的定义，虽然从逻辑上说皆无不可，但实际上无法导出有益的讨论。

再进一步来看，欧洲天文学至迟自希巴恰斯以下，每一个宇宙体系都力求能够解释以往所有的实测天象，又能通过数学演绎预言未来天象，并且能够经得起实测检验。托勒密、哥白尼、第谷、开普勒乃至牛顿的体系，全都是根据上述原则构造出来的。而且，这一原则依旧指导着今天的天文学——在古希腊是几何的，牛顿以后则是物理的；也不限于宇宙模型，比如还有恒星演化模型等。然后用这模型演绎出未来天象，再以实测检验之。合则暂时认为模型成功，不合则修改模型，如此重复不已，直至成功。

当代著名天文学家当容（A. Danjon）对此说得非常透彻："自古希腊的希巴恰斯以来两千多年，天文学的方法并没有什么改变。"其实恩格斯早就论述过类似的观点："随着君士坦丁堡的兴起和罗马的衰落，古代便完结了。中世纪的终结是和君士坦丁堡的衰落不可分离地联系着的。新时代是以返回到希腊人而开始的……如果理论自然科学史研究想要追溯自己今天的一般原理发生和发展的历史，它也不得不回到希腊人那里去。"

但是还有一个问题：既然古希腊有科学的源头，那古希腊之后为何没有接着出现近现代科学，反而经历了漫长的中世纪？对于这一质问，我觉得最好的回应就是中国的成语"枯木逢春"——在漫长的寒冬看上去已经死掉的一株枯木，逢春而新绿渐生，盛夏而树荫如盖，你怎么能因为寒冬时它未出现新绿，就否认它还是原来那棵树呢？事物的发展演变需要外界的条件。中世纪欧洲遭逢巨变，古希腊科学失去了继续发展的条件，直等到文艺复兴之后，才是它枯木逢春之时。

争论的现实意义

面对近年有那么多人士加入关于中国古代有没有科学的争论，有人曾提出一个值得思考的疑问——你们到底为什么要争论这个问题呢？事实上，这个问题有着明显的现实意义。

许多"有"派人士希望，证明中国古代有科学可以拓展他们的研究领域，并使他们的某些活动更具学术色彩。因为他们中的许多人对阴阳、五行、八卦、星占、炼丹、风水之类的中国古代方术怀有长盛不衰的热情，他们热切地希望为这些“东方的智慧”正名，要让这些东西进入科学殿堂。

而“无”派人士之所以坚持使用现代意义上的“科学”定义，拒绝各种宽泛定义，一个重要原因是担心接受宽泛的“科学”定义会给当代的“伪科学”开启方便之门。如果站在科学主义的立场，主张对伪科学斩尽杀绝，那这样的担心当然是有道理的；但在主张对伪科学持宽容态度的人来看，这样的担心就是多余的了。

国内科学史圈子里有一个著名的八卦——其实是真实的故事，因为两位当事人我都非常熟悉。该八卦是这样的：有一位科学史前辈，曾质问一个正在中国科学院自然科学史研究所攻读科学史博士学位而又主张中国古代没有科学的年轻人说：你既然认为中国古代没有科学，还来这里干什么？

这个八卦的意义在于，提示了中国古代有没有科学的问题可以直接引导到“为什么要研究科学史”这个问题。许多人士——包括一些科学史研究者在内——认为，科学史研究的任务，主要就是两条：一是通过“发现历史规律”去促进未来科学的发展；二是在历史上“寻找”科学。

不幸的是，这两条至少都是镜花水月，甚至是自作多情的。

正如林德伯格所言：“如果我们的目标只是解决现代科学中的难题，我们就不会从了解早期科学史中获得任何裨益。”科学发展有没有“规律”，有的话能不能被“发现”，迄今都尚无任何明确证据。因此不能指望研究科学史会解决现代科学中的难题，负责任的科学史研究者也不会向社会作出虚幻的承诺，说自己可以预见甚至“指导”未来科学的发展。

林氏还说：“如果科学史家只把过去那些与现代科学相仿的实践活动和信念作为他们的研究对象，结果将是对历史的歪曲……这就意味着我们必须抵抗诱惑，不在历史上为现代科学搜寻榜样或先兆。”这样的论述，简直就像是专门针对某些中国学者而发的——当然实际上并非如此。

当代科学争议中的四个原则问题

在科学技术的黄金时代——我指的是科学技术受到全力推崇和膜拜的时代——很少有科学争议，即使有也会很快消除或止息。但是到了今天，科学争议早已经层出不穷，而且往往旷日持久，比如转基因食品问题、核电问题、全球变暖问题、基因歧视问题、大城市垃圾处理问题……而在这些争议中，许多人还停留在太简单、太天真的认识层面，自己已经置身于巨大的危机中还糊里糊涂不自知。其中很重要的原因，是他们忽略了科学争议中的某些基本原则问题。下面就是四个非常重要的原则问题。

形成争议的问题不能简化为“科学问题”

我们经常看到，当争议发生时，往往有一方力图将争议的问题简化为“科学问题”，而许多对有关问题未加深思的人，往往会被这种所谓的“科学问题”牵着鼻子走，于是争议就被引导到有利于对手的方向上去了。

例如，在关于转基因作物的争议中，极力主张在中国推广转基因作物的一方，经常使用这一手法。他们力图将围绕转基因作物的种种争议简化为一个“科学问题”：食用转基因作物对人有害吗？——这个问题当然是为了在中国推广转基因作物而有意设计出来的，它不仅包藏祸心，而且从学理上来说也是漏洞百出的。

说它包藏祸心，首先是转基因作物的鼓吹者企图利用这一简化的“科学问题”来屏蔽其他问题，因为他们害怕别人质问其他一些问题，比如：

中国今天迫切需要推广转基因作物吗？

在孟山都公司控制着世界上90%的种子基因的情况下，推广转基因作物符合中国的国家整体利益吗？

谁能够通过在中国推广转基因作物获得最大的经济利益？

……

说它包藏祸心，其次在于企图垄断争议中的话语权。因为一旦善良的人们同意这种“简化”，那么谁来回答“食用转基因作物对人有害吗”这个问题呢？极力在中国推广转基因作物的人就可以站出来说：当然是我们最有资格回答这个问题，因为我们是“专业”研究转基因作物的呀！而他们的回答，当然是、必然是转基因作物对人无害。

所以人们应该特别认清，转基因作物的争议问题，首先是伦理问题、经济问题、政治问题。在这样的争议中，不是只有从业专家才有发言权，而是全国人民都有知情权和发言权。在台湾“核四”争议中，马英九提出全岛公民投票来决定“核四”命运，深合此旨。

科学的不确定性

退一步说，即便真的仅仅是“科学问题”，它们往往也绝不“简单”——因为科学有不确定性。而这一点通常总是推广转基因作物或核电的人极力向公众隐瞒的。

科学的不确定性，在不同的领域表现程度有所不同。一般来说，在物理学、天文学之类的“精密科学”中，表现得少一些（也不可能绝对没有），而在那些不那么“硬”、不那么“精密”的领域，不确定性就更大。

科学的不确定性常常使得争议问题难以获得定论。例如，“转基因作物对人无害”的论断是依靠什么来成立的呢？最常见的说法是迄今未发现食用转基因作物对人体有害。但是，食用转基因作物对人体有害与否，是短时期内很难确定的——因为其中的不确定性太大。要断定转基因作物食用后对人体无害，以及种植转基因作物对人生存其中的环境无害，都需要长时段的仔细观察、对比、检测等，绝不是一场闹剧似的“试吃”之后就可以简单断定的。所以：

“迄今未发现食用转基因作物对人体有害”≠“转基因作物对人无害”。

类似的局面，在核电争议中也经常会出现，例如，到底多少强度以下的辐射对人才算安全呢？这类标准，也都是在一定的测量基础上，人为建构制定的。例如在福岛核灾难之后，日本当局就修订了有关的标准。此外，如一座核电站的建设成本、核泄漏事故或灾难后的善后成本等，都因为牵涉到太多的方方面面，而难以准确计算。这些难题的背后，其实都有科学的不确定性的影子。

科学争议中的利益维度必须重点关注

在科学告别了它的纯真岁月之后，就一头和商业资本密切结合在一起了。这种结合是我们自己促成的，因为我们向科学技术要生产力，要经济效益。不错，科学技术真的给了我们经济效益，给了我们物质享受。但是，这样的科学技术就已经不再是昔日的纯真少女了。

与商业资本密切结合在一起的科学技术，就像一位工于心计的交际花。她艳光四射，颠倒众生，同时心里却很清楚自己要谋求的是什么。而且她还非常聪明地利用了这样一种情况：那些围绕在她石榴裙下的倾慕者们，许多人对她的印象还停留在昔日纯真少女的倩影中，他们是真心热爱她，崇拜她，对她有求必应，还自愿充当护花使者……

我们很容易看到，在当代的科学争议中，可以获得巨大经济利益的一方，总是竭力掩盖这种经济利益，这也是他们热衷于将争议问题简化为“科学问题”的重要原因。因为一旦转为“科学问题”之后，经济利益的维度就从公众视野中消失了。

当下种种与科学技术有关的争议，利益维度经常是一个非常有用的思考路径。例如，在转基因作物争议中，主张推广转基因作物的，几乎全部是可以从这种推广中获得经济利益的集团或个人；而反对转基因作物的人士中，许多都是远离商业的学者，他们不可能从这种反对中获得经济利益。那么争议的两造中，谁更干净一些？谁更可信一些？

世上不存在纯粹客观的“安全”

在科学争议中，可以从中获得巨大经济利益的一方，经常使用科学主义的手段。除了试图将复杂的问题简化为“科学问题”之外，另一个重要的手法，就是宣称世界上存在着“客观的”安全。

安全问题看似简单，其实也有思维陷阱。前几年北京大学的刘华杰教授就转基因作物发表意见说：如果人民群众认为转基因作物是不安全的，那转基因作物就是不安全的。这本来是对安全问题有着深刻哲学思考的论断，但某些陷溺于科学主义泥潭中难以自拔的人，却以为抓到了刘华杰教授的“硬伤”——他们气势汹汹地质问说：安全难道不是客观的吗？安全与否难道不是一个“科学问题”吗？

“安全”对个人而言，其实和“幸福”是同类的——只有当你自己感觉幸福时，你才有可能是幸福的，别人对你幸福与否的判定是无效的。同样，只有当你自己感到安全时，你才有可能是安全的（仍然可能不安全），而当你自己感觉不安全时，你就不可能是安全的。

如果“安全”真的只是“客观的”，而且是一个“科学问题”，那谁能认定你是否安全呢？答案肯定又是“专家”！如果你同意这样的逻辑，那么你食用转基因作物是否安全，就只能听从那些极力在中国推广转基因作物的人——他们确实是这方面的专家——来告诉你了。他们当然对你说：食用转基因作物是安全的。

“安全”是需要主体自身参与建构的，如果你自己感觉不安全，就说明你的“安全”尚未建构完成。因为你如果“主观上”缺乏安全感，那你的身心就会在“客观上”受到影响和伤害。在到处遭遇科学争议的今天，重温中国古代“杯弓蛇影”的寓言故事，你不得不承认古人的某些智慧直到今天仍然值得珍视。

星际航行：一堂令人沮丧的算术课

一万年太久，只争朝夕

霍金最近心血来潮，就地外文明、外星人等话题发表了意见，引发了媒体对此类话题的很大兴趣。话题之一，就是关于人类进行星际航行的可能性。

与地外文明话题联系在一起的星际航行，当然不包括在我们自己太阳系中进行的行星际航行——这种航行人类已经能够进行，尽管目前还只能在离地球不太远的地方（比如火星）稍转一转。由于到目前为止从未发现我们太阳系之内有别的文明，所以与地外文明联系在一起的星际航行总是指在恒星之间的航行。

要讨论这样的星际航行，我们可以先从非常简单的算术开始思考。

通常人们都愿意从离太阳系最近的一颗恒星——半人马座的比邻星——开始思考，比邻星距离我们太阳系 4.3 光年，也就是说，以光速从地球到比邻星要运行 4.3 年。

目前人类实际能够达到的最高星际航行速度是多少呢？

从地球上飞出太阳系所需要的“第三宇宙速度”，人类已经能够实际达到，因为我们相信已经有航天器能够飞出太阳系（到底有没有飞出，其实很难确证），这个速度是 16.7 千米 / 秒。注意这个速度连光速（300 000 千米 / 秒）的万分之一都不到。当然，按照常理，在此基础上再努力一下，增加一倍左右，达到 30 千米 / 秒，应该说还是不太离谱的。

如果我们以 30 千米 / 秒（光速的万分之一）的速度飞向比邻星，

至少需要 43 000 年。

如果我们能够达到 3000 千米 / 秒（光速的百分之一），飞到比邻星至少需要 430 年（这里完全忽略了飞船出发后加速、到达前减速之类的过程所需要的附加时间）。但这个速度对人类目前的科技能力来说已经是遥不可及了。

其实在不少问题上，430 年和 43 000 年是一样的。比如，这都大大超出了人类的正常寿命，也大大超出了机器的工作寿命（至少到现在为止，人类还没有机会实际考察任何现代机器设备能否安然工作 400 年，更不用说宇宙飞船这样极度复杂的系统了）。

我个人觉得还有一个更大的问题，那就是，任何在地球上的人有生之年看不到结果的实验、考察、探险等活动，虽然在理论上可以进行，但实际上人们总会意识到它对自己已经毫无意义，所以很难设想这样的活动会得到实施。

也许正是考虑到了这一点，英国皇家航空学会在 20 世纪 70 年代进行的星际航行模拟研究“Daedalus 工程”（希腊神话中 Daedalus 造了翅膀逃出迷宫），设想的飞行速度是 30 000 千米 / 秒（光速的十分之一），这在此后许多关于星际航行的假想中被视为一个重要“门槛”。之所以考虑采用这个“门槛”，也许和上面提到的心理有关——如果花 43 年飞到比邻星，再等 4.3 年让无线电报告传回地球，这样在我们有生之年（半个世纪内）还可以得到探险结果。

上穷碧落下黄泉，两处茫茫皆不见

星际航行是一个美丽的梦想，它既可以在当代科学主义纲领下不顾一切地被追求（现今人类的许多航天活动就是这样），也可以从古代纯粹的人文情怀中得到共鸣——《长恨歌》中那个道士还“排空驭气奔如电，升天入地求之遍”呢！所以，尽管人类目前实际能够达到的航行速度只有光速的万分之一量级，但这并不妨碍科学家对星际航行展开丰富、系统而且大胆的想象。

这种想象已经提出了多种方案，大体可以分为两条路径。

一条路径是接受目前只能“慢速航行”的现实，考虑千百万年的长期航行。这样的航行必将面临一系列难以克服的困难。

首先是燃料从何处提供？目前人类都是采用固体、液体或气体燃料来驱动飞船，但是飞船出发时不可能携带43 000年的燃料，目前也没有任何在中途添加燃料的能力。想象中的核动力也难以维持如此之长的年代。其次是机器设备的工作寿命，迄今为止还没有一架航天器持续工作过50年，43 000年谁敢指望？

这还只是考虑无人航天器，如果载人，则宇航员要么“冬眠”，那飞船上的支持系统能工作千万年而不出差错吗？电影《2001太空漫游》中冬眠宇航员因生命保障系统遭电脑切断而被“谋杀”的命运如何避免？要么在飞船上传宗接代，那这飞船就要被建设成一个小型的地球，这就更没谱了。况且还有近亲繁殖问题。

另一条路径当然是从加快航行速度上来着手，只要速度足够快，就可以消解上一条路径中的大部分困难。这时“Daedalus工程”中的十分之一光速“门槛”就经常会被用到。已设想的至少有如下几种重要方案。

核聚变发动机。这正是“Daedalus工程”本身所设想的方案，它用的是氢的同位素氘（D）和氦-3（^{3}He）聚变，这样可以不需用水来冷却发动机，但是方案所需的数千吨氦-3，则只能到木星上去提取。所以这只是史诗般的假想，用来拍科幻电影可以，要实施的话目前人类根本没有这样的能力和财力。

反物质发动机。欲将物质转换成为能量，目前所知最有效者，莫过于物质与“反物质”的相遇湮灭，能够释放出巨大能量。如果想把1吨重的设备，在50年内送到比邻星，初步的计算表明，需要1.2千克反物质。但是目前人类的技术能力，在这方面还差得太远。关于反物质发动机在技术上离我们有多远，只要提到一个事实就够了：反物质不能存放在任何有形容器中（因为任何有形容器都是物质，两者一相遇就要湮灭爆炸），它只能被悬空拘束在一个真空磁场中。在丹·布朗的小说《天使与魔鬼》（*Angels & Demons*）中，他只敢想象

1 克的反物质。而事实上，以人类现有的科技能力，哪怕只生产 1 毫克（1 克的千分之一）反物质，就需要耗尽全世界的能源。

光帆飞船，它很容易在公众心目中唤起诗意的联想，但是真要实施的话，技术上的困难是骇人听闻的。飞船的光帆将大到数十平方千米，厚度则只有 16 纳米（1 毫米的十万分之一多一点）。这样的帆怎样张开？更别说还要操纵它了。还需要在土星和天王星之间的某个位置建造巨大的太阳能—激光转换器，设想中该转换器直径竟达 1 千米，据说射出的激光束可以远至 40 光年也不发散……不过，这个宏伟的方案真要实施的话，它的能量消耗将是现今整个地球生产能力的几万倍。

何以解忧，唯有虫洞?

上面这些史诗般的狂想方案中，基本上都没有考虑人。人类向外太空的探险行动，最先派出无人飞船当然可以，但最终总要派人去到彼处才行。而一旦考虑了人的因素，立刻出现两方面的困难。

首先是生理上的问题。在“Daedalus 工程”类型的方案中，要求飞船的巡航速度达到光速的十分之一，即每秒 30 000 千米，这必然有一个现今难以想象的加速过程，人体瞬间能够承受多大的加速度？对某种加速度又能够持续承受多长时间？在民航客机起飞和降落时，这么一点点加速度就会使某些乘客不适甚至发病。宇宙飞船如果急剧加速，说不定刚起飞不久宇航员就七窍流血而死了。

其次是心理上的问题。如果奉派飞往比邻星，以光速的十分之一巡航，这对宇航员来说意味着什么？ 43 年如一日在船舱里，到了比邻星后，即使能够顺利返回地球，那至少也得 86 年以后了——这其实就是终身监禁啊！世间有几人能够承受？

人类星际航行的真正出路，恐怕只能是目前谁也没见过的虫洞了。

地球2.0？又一堂令人沮丧的算术课

刚好在整整五年前，我写过一篇“星际航行：一堂令人沮丧的算术课”。最近关于“发现另一个地球”的新闻甚嚣尘上，我稍微关心了一下，顺便又备了一堂算术课，忍不住要和读者分享一回。

“发现另一个地球”是什么意思？

当媒体使用“发现了另一个地球”或“地球 2.0”这样的措辞时，在普通公众心目中唤起的想象，通常是这样的：天文学家在某处找到了一颗行星，那颗行星上的环境和地球相当类似，比如有大气层，有液态水，有和地球上相似的四季与温度，有距离远近合适的恒星作为它的太阳……

但在想象这种前景之前，我们必须先搞清楚，“发现了另一个地球”到底是什么意思？是我们听到这个说法时通常想象的意思吗？

寻找类地行星的事情，其实一直有天文学家在做，也时不时要想办法在媒体上说一说。这次是 NASA 高调宣布的，它的“开普勒太空望远镜”发现了一颗类地行星，命名为“开普勒 452b”。按照最近公布的数据，“开普勒 452b”年龄约 60 亿岁，公转周期 385 天，质量“可能是地球的 5 倍”，据说它的“与地球相似指数”高达 0.98。

但是，千万不能轻易相信这些看起来头头是道的数据，也不要因为它们是 NASA 公布的就顶礼膜拜，因为还有一个致命的数据不声不响夹在中间。我一听说这次“发现了另一个地球”，首先就找这个数据：“开普勒 452b”离地球多远？目前的数据是 1400 光年。

先回顾一下冥王星的故事吧！

1400 光年意味着什么？正巧最近冥王星也非常热——尽管在物理上它是一颗“极度深寒”的星球，那我们就拿冥王星的故事当作标尺来用用吧！

1400 光年，就是说以光速（每秒 30 万千米）运行，需要 1400 年。而冥王星作为太阳系较为边远的天体，它离太阳的距离，以光速运行大约需要 5 个半小时。这里就需要开始上算术课了：1400 年 = 365 × 24 × 1400 = 12 264 000 小时，也就是说，“开普勒 452b”离地球的距离，是冥王星离太阳距离的 12 264 000 ÷ 5.5 ≈ 2 229 818 倍，或者更粗略些说，“开普勒 452b”离我们的距离是冥王星离我们距离的 200 多万倍。

考虑到冥王星距离太阳是地球和太阳平均距离的大约 40 倍，在谈论“开普勒 452b”和我们的距离，或冥王星和我们的距离时，为了方便，我们其实已经可以忽略地球和太阳之间的平均距离（1 个天文单位）。这样我们就知道，如果说“开普勒 452b”是地球在远方的“大堂兄”或“大表哥”，则冥王星简直就像和我们紧挨着的近邻。

那么我们就来看一看，我们对于冥王星这个紧挨着的近邻，究竟知道了多少。

通常我们关注某颗行星，特别重要的是它的这几个参数：尺度、质量、公转周期、与地球的距离。

冥王星是 1930 年发现的，1980 年出版的《中国大百科全书·天文卷》告诉我们，冥王星的尺度“至今仍未定准”，最初定为 6400 千米，后来给出的下限是 2000 千米，当时常采用 2700 千米的说法。现在较新的数据是 2370 千米，前后相差 2.7 倍。

冥王星的质量，在 1971 年以前被定为 0.8 地球质量，但到 1978 年被确定为 0.0024 地球质量，前后相差 333 倍。

只有冥王星的公转周期，前后说法相当一致，约 248 年，但要注意，从冥王星被发现迄今，它只运行了公转周期的三分之一，天文学家还远远没有见证它绕着太阳走完一圈，所以修正的余地仍然存在。

我们对冥王星的探测已经超过85年，2015年7月14日，新地平线号探测器已经从冥王星身边掠过，但我们对这颗“肮脏的冰球”所知仍然极为有限。想一想，对于比冥王星更遥远200多万倍的“开普勒452b”，天文学家能知道多少？他们有多大的依据可以断定这是“另一个地球”？

另外，NASA又是用什么手段“发现”了“开普勒452b”的呢？听起来也玄得很，他们的方法是“凌星法”。“凌星法”本来并不玄，比如当金星运行在地球和太阳之间时，有时会在日面上呈现一个微小的黑点，这就是所谓的“金星凌日”。但是对于一个比冥王星还要遥远200多万倍的恒星来说，是不可能有“日面”的——它无论在多大的望远镜中都只能呈现为一个光点，这种情况下有行星“凌日”能让我们“看见”什么呢？据说这会导致望远镜中那颗恒星的亮度出现极为微弱的变化，NASA的科学家就是根据这一点“发现”了“另一个地球”，这究竟能有几分靠谱，你自己去估摸吧，反正能造成遥远恒星在望远镜中呈现亮度微弱变化的原因，还有好多种呢！

科学界这些镜花水月的发现啊！

30多年前，有一本《物理世界奇遇记》，在中国理科大学生中红极一时，书中有一句虚构的台词“好莱坞这些粗制滥造的电影啊！”是我们同学经常在开玩笑时要拿来用的。现在，一句模仿的感叹，经常在我脑海中盘旋：科学界这些镜花水月的发现啊！

近年一系列科学新闻，都有某些共同之处。从言犹在耳的“原初引力波”，到此次“另一个地球”，中间还穿插着小一些的新闻，诸如在火星上“可能有水”啦（注意，在无法判断那上面到底有没有水的情况下，科学家们总是说“可能有水”而从不说“可能没水”），冥王星上的“大平原”或“氮河”啦……科学家们经常急不可待地将一些捕风捉影的、只是猜测的“重大科学新闻”向媒体兜售，有时学术论文还没有正式发表，就先向大众媒体和科普杂志披露，甚至不惜过一段时间后再向大众媒体和科普杂志表示先前披露的重大新闻“那是一个错误”（所谓的“原初引力波”就是这样）。

有些媒体和记者还喜欢跟着激动——至少是在文章和报道中装作很激动的样子，比如这次的“开普勒452b”，竟然被说成是“科学发现改变三观”，甚至提升到“为万世而未雨绸缪”这样的骇人高度。这恐怕已经是“刻奇”（Kitsch）了，当心过几天NASA的科学家又出来轻描淡写地对你说“那是一个错误”啊！

那么“开普勒452b”到底有什么意义呢？老老实实看只能有两个：第一，也许这样的行星上会有和我们人类类似的高等智慧生物和高等文明；第二，也许将来我们地球人类可以移居到这样的行星上去。

我们从小在教科书上读到的是生命产生的基本条件是要有阳光、空气和水。这个说法并没有错，但它只是从地球这个唯一样本“归纳”出来的。常识告诉我们，只靠一个样本根本无法形成基本意义上的“归纳”，但这一点在我们谈论生命、高等智慧、行星环境之类的问题时，却经常被遗忘。比如，为什么不能想象一种无需呼吸空气或无需阳光和水的生命形态？如果我们同意还可以有其他多种形态的生命或文明，那就将不得不同意，在千千万万个天体上都有可能存在生命，或存在高等文明。这样，“发现另一个地球”的第一个意义就被消解了。第二个意义更加镜花水月，只要想想“开普勒452b”离我们1400光年就知道了，以人类现有的航天能力，飞往那里大约需要2000万年（参见“星际航行：一堂令人沮丧的算术课”）。

其实“发现另一个地球”还有第三个意义，倒是相当现实的——NASA近年来一直受到削减经费的困扰，它迫切需要增加各方对它的关注。

人工智能："勿以恶小而为之"

对机器杀人事件的不同反应

进入2015年，关于人工智能和机器人的报道和讨论空前密集，有人甚至已将2015年视为"智能机器人从虚拟走向现实的元年"，许多人相信，我们已经处在人工智能大突破的前夜。在这样的背景下，最近德国大众工厂一位员工被机器人杀害的事件，当然成为媒体热议的题目。工厂当局表示，这只是因为"人工操作失误"造成的生产事故，但人们显然也可以从这起偶发事故中引出更为深入的担忧和思考。

科幻作品中当然早就讨论过机器人反叛的问题，想象过人类被统治、被奴役甚至被灭绝的前景。不过平心而论，将此次大众工厂这具肇事机器人想象为"天网"的先遣队或侦察兵，或是主动效忠"天网"的机器恐怖分子，想必为时过早。认为这只是一次意外事故，此刻基本上还是可以相信的。

稍微有点意思的是，我关注了一下网上对此事的反应，并结合近来媒体上对人工智能的讨论，发现这样一个现象：那些对人工智能表示警惕和担忧，乃至郑重发出警告的，基本上都是国外学者。而国内的评论者则普遍发表乐观的言论，甚至不厌其烦地解释大众工厂有如何严密的防范措施——听着倒像工厂当局的危机公关。脱离这一具体事件，进入对人工智能前景的一般性讨论时，也是同样情景。

"排山倒海而来"的伦理道德难题

上述机器人杀人事件如果只是意外事故，当然比较简单，但这并不妨碍人们沿着"假如这个机器人是有意杀人"的思路往深处思考。如果一个机器人有意杀人，就会引发一系列"排山倒海而来"的伦理、道德和法律问题。人类社会在这方面远远没有做好准备，倒是科幻作品已经作了不少探索，影片《机械公敌》（*I*，*Robot*，2004）就是这样的作品。

公元2035年的芝加哥，USR公司开发的机器人已经普遍进入人类日常生活，悲观的人对此忧虑重重，乐观的人则坚信机器人只会使人类生活更加幸福。故事始于NS-5机器人的设计者神秘死亡，看上去是自杀的，但警方怀疑此事与机器人有关。在调查过程中，确实出现了一个有嫌疑的机器人。但是USR公司和市长都不希望警官穷追猛打追究下去，他们对于"机器人谋杀了兰尼博士"这样的指控尤为反感——市长是担心引起市民的恐慌，公司当然是担心NS-5机器人的销售受到阻碍。

公司代表竭力将此事说成一桩"工业事故"，他很雄辩地指出：所谓谋杀，是指一个人蓄谋杀害另一个人，他质问道："如果你们认为是机器人谋杀了兰尼博士，那你们就承认机器人是人了？"——既然机器人不是人，那就不存在什么谋杀。

公司代表的辩解，实际上涉及一个很有深度的问题：人权，或者说"人"的资格，究竟靠什么获得？答案只能有两个。

第一，靠物种的划分获得——生下来是人就是人。但这个答案深究下去就会有问题。常识告诉我们，人类至今还不愿意和"非我族类"的物种像邻居那样共处（指不会给它们人权）。为什么？难道就因为它们长得和人类不一样吗？古训"非我族类，其心必异"的依据是什么？说到底，什么物种的身体不都是由分子、原子构成的？

第二，靠文化获得——掌握了人类的文化，就可以跻身人类之列。

这种答案，听上去有点匪夷所思，其实有相当的合理性。我们可以作一个联想或类比。

清代雍正年间，曾静鼓动清朝军政大员反清复明，事发获大逆之罪，雍正却不杀他，反而将和他辩论批驳的文献颁行天下，要求当时的大小知识分子“学习领会”，这部奇特的文献集就是著名的《大义觉迷录》。曾静鼓动反清复明，理论依据是中国的“夷夏之辨”，说到底也就是“非我族类，其心必异”。雍正针对“夷夏之辨”指出：昔日虞舜是“东夷之人”，周文王是“西夷之人”，他们为什么有权统治中原？是因为他们掌握了中原文化。雍正据此为清朝征服中原辩解，认为满族人之所以有权统治汉族，也是因为他们已经采纳了汉族文化。换言之，统治权的获得，不是依靠血统，而是依靠文化。类比此事，则一旦机器人掌握了人类文化，它们为什么不能获得人权？

在影片《机械公敌》中，可怕的事情还是发生了。由于人类采用了“让机器人制造机器人”的技术，这固然高效快捷，但是太可怕了——那个反叛人类、违反“机器人三定律”的机器人，得以“克隆”出大批它的同志，它们成群走上街头，和人类冲突起来。影片最终的结局，有点扑朔迷离，那个率先反叛的机器人，在工程师的整治下似乎改邪归正了，机器人的反叛也终于平息了。但是影片结尾时，没有出现任何人类，却是出现了一个救世主式的机器人，统帅着广场上无数的机器人，这暗示着什么呢？一个这样的机器人，它要是反叛人类，它手下的机器人要是“只知有恺撒，不知有共和国”，只听它的指挥，那人类如何应付？或者，影片干脆就是暗示一个由机器人统治的未来世界？

另一方面，从文化的角度来看，既然机器人掌握了人类文化，哪怕它们最终统治了地球，人类的文化仍然是得到延续的。只是人类自身如果被奴役或灭绝，文化对人类又意味着什么呢？而且那时机器人就要发展它们所掌握的文化了，谁知会发展成什么呢？

“勿以恶小而为之”

2015年年初，由史蒂芬·霍金、比尔·盖茨和埃隆·马克斯等人签署公开信，呼吁控制人工智能的研发。马克斯认为人工智能会“唤出恶魔”，比核武器对人类的威胁还大。霍金则明确断言：“彻底开发人工智能可能导致人类灭亡。”

可是这样苦口婆心的警告，却被一些出于自身利益考量的业者或“一根筋”的科学主义者嗤之以鼻。例如，“智能机器人领域全球领衔分析师”（不知谁给他封了这样的头衔）汤姆·奥斯汀就高调表示：霍金等人的上述警告“是非常愚蠢的”——理由竟是“现在人工智能还很低级”！

这让我想起三国时代那位白帝城托孤的刘先主，他在遗嘱中留下了道德名言：“勿以恶小而为之，勿以善小而不为”。刘备的意思是，事之为不为，要根据善恶来决定，而不是根据程度来决定。可是上面这位奥斯汀的逻辑却是相反的：事之为不为，不是根据善恶来决定，而是根据程度来决定——人工智能现在还很低级，所以就应该发展，所以霍金、盖茨等人的警告就是“非常愚蠢”的。

这位奥斯汀如果想有效驳斥霍金、盖茨等人的警告，就应该论证人工智能不会唤出恶魔，只会唤出天使，论证彻底开发人工智能不可能导致人类灭亡。换言之，这和人工智能目前发展到什么程度无关——如果人工智能有恶有危险，即使现在还很低级也不应该发展。

这里特别需要考虑人工智能和互联网的结合，这种结合将快速突破个体机器人智能的物理极限，因而具有极大的危险性。一个和互联网结合的机器人，进化成“超人工智能”可能只需弹指一挥间，到时人类如何掌控它？

国内从事人工智能的业者和学者，持乐观态度的更为普遍。例如有学者相信，只要我们对机器人“进行道德教育”“上上思想课”，就可以保证它们一心向善。可是你想想，全世界每年有千千万万青少年走上犯罪道路，难道没有老师和家长对他们进行过道德教育？人类既然连自己下一代中有人学坏都无法防止，凭什么能防止有朝一日智能远在自己之上的机器人学坏呢？

在数字城堡遇见戈尔和斯诺登

小说《数字城堡》的故事

丹·布朗（Dan Brown）因小说《达·芬奇密码》（*The da Vinci Code*）畅销，还拍成了同名电影（2006），成为当红作家。其实他的前一部畅销小说《数字城堡》（*Digital Fortress*，1998），已经显示了他作为一个密切关注社会现实的科幻作家的巨大潜力。这部小说极富前瞻性地表达了对互联网侵犯公众隐私的忧虑和恐惧。

在《数字城堡》的故事中，美国情报机构“国家安全局”以“防止恐怖活动”为理由，建造了一个可以窥探全世界一切电子邮件的“万能解密机”，此举遭到一些人——包括该机构原先的成员——的极力反对，最终“万能解密机”被反抗者摧毁。不过丹·布朗自己对这个问题的立场，在小说中则是暧昧不明的。

这牵涉到几方面的问题。首先，窥探公众隐私的理由，本来是为了防止犯罪，但是在犯罪实施之前，“万能解密机”之类的高科技设施，窥探到的其实只是犯罪计划或犯罪的思想动机，而仅仅因为某人有犯罪计划或犯罪的思想动机，就对他进行制裁和惩罚，这虽然从理论上说不无道理，实际操作起来却是不可能的。因为实施了犯罪，才会形成证据，才可以据此认定犯罪事实；而犯罪动机则是思想上的事情，仅有犯罪计划也没有事实可以被认定，因此就需要“解读”，而这种解读，哪怕是由菲利普·迪克（Philip K. Dick）的小说《少数派报告》（*Minority Report*，2002，亦有同名电影）中的“预测者”来进行，也必然导致歧义、误读、武断等问题，就像《水浒传》中黄文炳对宋江题在浔阳楼上的“反诗”的解读那样，据此定罪，不可能是公正的，因为很容易将无辜者入罪。

《数字城堡》中展示的另一个重要问题是，有些人总是想暗中掌握别人的隐私，“万能解密机”这类东西对外当然必须严格保密，不能让公众知道自己正处在严密监控中，而监控者实际上能够知道别人的一举一动，这给情报机构的首脑带来某种“君临天下”的感觉，那种感觉真是好极了——那是权欲和偷窥欲的双重满足。技术手段的进步，确实有可能给我们带来难以预料的后果。当一种新技术刚出现时，人们往往很容易看到它带来的便利，比如电子邮件，但是，当人们一天也离不开电子邮件时，“万能解密机”之类的东西就开始严重威胁公众隐私了。

隐私是自由和人权不可分割的组成部分，所以《数字城堡》故事中最重要的问题是，如果以“预防犯罪”或“反恐”为理由侵犯公众隐私，就会形成公众尚未被犯罪或恐怖活动侵犯于彼，却已先被“预防犯罪”和“反恐”措施侵犯于此的荒谬局面。

戈尔在斯诺登之前已经揭露和批判了“棱镜门”

美国前副总统戈尔，集多种身份于一身，他是世界环境保护运动的大力推动者——由此还获得了诺贝尔和平奖；他主持的纪录片《难以忽视的真相》（*An Inconvenient Truth*）获第 79 届奥斯卡金像奖；与此同时，他还可以算一个相当成功的商人。一个集上述多种身份于一身的人，通常有着丰富的社会资源和人脉关系。在这些有利条件的基础上，如果又能勤于思考，著述不辍，则发为文章，必有可观。戈尔的新作《未来：改变全球的六大驱动力》（*The Future*: *Six Drivers of Global Change*，2013）（以下简称《未来》）正是一部这样的作品。

《未来》中一个非常引人注目的例子，就是对美国有关当局的监控活动的抨击。斯诺登所揭露的“棱镜门”之类对公民的非法监控，其实戈尔在《未来》第二章中早已经有过充分的揭露。戈尔地位高，名头大，又集多种身份于一身，掌握的信息比一般公众多得多。如果说斯诺登爆出的“猛料”提供了某些具体的例证和细节，那么戈尔不仅从宏观上对美国情报机构的侵权监控进行了揭露和批判，在具体指证上也与斯诺登各有千秋，异曲同工。

戈尔指出：“很多人全然不考虑这样一种前景，即美国政府可能逐渐发展成一个监控之国，而这个国家所拥有的权力将会威胁到公民的自由。”（上海译文出版社，2013 年，第 111 页）他举出了若干骇人听闻的例证。例如所谓的“网络安全威胁”和“反恐”，“被用作新的正当理由来建立一个世界上迄今所知最具侵入性和最强大的数据收集系统”，这个系统于 2011 年 1 月在犹他州奠基，预定 2013 年年底投入使用，它有能力“监控所有美国居民发出或收到的电话、电子邮件、短信、谷歌搜索或其他电子通信（无论加密与否），所有这些通信将会被永久储存用于数据挖掘。”（上海译文出版社，2013 年，第 115 页）

戈尔所揭露的上述系统，已经是丹·布朗在 15 年前的小说中详细描述过的“数字城堡”的升级版。写小说虽然难免虚构，但丹·布朗总要有一些来自生活的素材吧！从戈尔《未来》中所揭露的情况来看，美国对公众的监控历时已久，政出多门，有多种多样的项目和途径。例如戈尔说，“据一位前国家安全局官员估算，自‘九一一’事件起，国家安全局已经窃听了‘十五到二十万亿次’的通信”。（上海译文出版社，2013 年，第 112 页）

民众抗议美国政府实施非法监听

在斯诺登揭露“棱镜门”之后，奥巴马和美国政府官员纷纷出来为美国情报机构进行徒劳的辩护。在他们的辩护中，“授权”是一个经常出现的措辞——仿佛有了“授权”，这种监控行径就变得合法和正义了。对此我们可以看看戈尔在《未来》中是怎么说的：

> 《互联网情报分享与保护法案》就是一个准许政府在有理由怀疑网络犯罪时窃听任何在线通讯的美国法律提案……但是在该法律广义条款下可被视为有嫌疑的互联网通信量如此巨大，以至于该提案实际上免除了政府部门遵守其他各种意欲保护互联网用户隐私的法律的义务。（上海译文出版社，2013 年，第 115 页）

也就是说，有了该提案，“其他各种意欲保护互联网用户隐私的法律”实际上就会统统失效。戈尔对此持强烈的批判态度，他甚至引用了幻想小说《一九八四》来说事：“连乔治·奥威尔都可能会拒绝此类例子出现在他对一个警察国家权力的描述中，以免读者认为不可信。”（上海译文出版社，2013 年，第 113 页）

斯诺登为《数字城堡》和戈尔补充了细节

现在让我们来重温三个时间节点：丹·布朗的小说《数字城堡》出版于 1998 年；戈尔的《未来》出版于 2013 年——但戈尔肯定在至少数年前就开始为该书准备材料了；斯诺登向世人揭发“棱镜门”是在 2013 年 6 月。

在小说《数字城堡》刚出版时，读者如认为故事中的“数字城堡”纯属想象，固无不可；但戈尔作为一个在政治上大有身份的人，不可能在书中仅凭想象就信口开河，所以《未来》中揭露的相关内容，对于理解斯诺登和“棱镜门”大有帮助——斯诺登以一个“起义特工”的身份，为《数字城堡》的想象和戈尔的揭发提供了骇人听闻的细节和证据。

既然戈尔已经在斯诺登之前就立场鲜明地揭露和批判了美国政府对公众的非法监控，那么一个非常有意思的问题是，戈尔会对斯诺登持什么态度？《南方周末》记者采访戈尔时直接向他问了这个问题：如何评价“棱镜门”？戈尔是这样回答的：

> 我觉得对这件事情历史会给出一个更好的评价，而不是我们现在所作的评论。毫无疑问的是，充分的证据证明，斯诺登的行为违反了美国法律……但他揭露的事件是很让人感兴趣的。对于他的所作所为，我们得等待历史的评判。（2013年7月25日《南方周末》）

从上面的回答中，谁都看得出戈尔对斯诺登是同情的，他的这个回答和《未来》一书中的有关立场也是完全相容的。

引力波和它的社会学及不确定性

发现“原初引力波”的科学社会学

2014 年 3 月，一个美国科学家团队 BICEP2 宣布他们发现了宇宙的“原初引力波”，一时间赞誉之声迭起，以为将要“揭示宇宙诞生之谜”了。谁知不到一年，这个团队又宣布“那个发现是一个错误”。有趣的是，如此狗血的剧情，居然让有的中国科学家“唏嘘不已”——原因是“中国连想犯这样错误的机会都没有”。美国人就是犯了一个错误，也能够让我们的科学家艳羡不已，这就是软实力啊！

2014 年 BICEP2 宣布发现原初引力波，国内媒体纷纷跟进报道，科学家纷纷对媒体谈论这一发现的“重大意义”，认为它是“一个诺贝尔奖级别的重大发现”。当时我居然做了一回“事前诸葛亮”，有点先见之明地对媒体表示，对于这类“重大发现”，不要急于跟进报道，应该再观察一段时间，至少看看国外科学共同体的反应，再作判断。记得当时记者问我为什么，我告诉她，对于引力波这种玩意儿来说，什么叫“发现”？这和你在桌子上发现一个茶杯根本不是一回事。这些科学家此时所使用的“发现”一词，根本不是我们通常所认为的那种意义——这背后涉及一系列科学的不确定性。

不过我们先不忙谈论科学的不确定性，不妨先谈一点引力波的“庸俗社会学”。

其实，早在 1969 年，美国物理学家韦伯（J. Weber）就曾宣称，他已经探测到来自银河中心的引力波，不过这个发现一直未能得到物理学界的公认。此后物理学家探测引力波的尝试，也一直时断时续地进行着，然而因为长期没有突破，这方面的工作逐渐被边缘化，颇受冷落。所以搞引力波的物理学家们很需要一次重回闪光灯下的公众话语争夺，2014 年 3 月高调宣布发现“原初引力波”，乃至 2015 年年初再宣布“那是一个错误”，都可以理解为这样的争夺努力。

这两次努力的效果看来不错。最近媒体报道说，在这样两次宣布之后，“不仅没有影响 BICEP2 升级之后的下一代望远镜 BICEP3 继续获得经费支持，而且使国际上关于原初引力波的期待更加热切”了。哈哈，这就是“犯错误”的美妙之处！

引力波之前世今生

“引力波”的概念，1918 年由爱因斯坦提出，但至今还没有得到验证。在 20 世纪 70 年代出现有关引力波存在的间接证据之前，许多物理学家对引力波的存在持怀疑态度，此后的主要工作方向则集中到探测手段上了。韦伯当属引力波探测方面最重要的人物之一，在他已算相当经典的著作《广义相对论与引力波》（*General Relativity and Gravitational Waves*，1961）中，他认为“引力辐射问题一直是广义相对论的中心问题之一”。1966 年，他在马里兰大学建造了第一个引力波探测器。

要理解引力波，就不能不从引力谈起。但是“引力”其实是一个非常玄的概念。

牛顿给出了引力的数学描述，这就是大家熟知的万有引力理论。但是许多人没有注意到的是，牛顿既没有成功解释引力的原因，也没有讨论引力是如何传播的。按照当代著名物理学家费曼（R. P. Feynman）的意见，“牛顿对此没有做任何假设；他只满足于找出它（引力）做什么，而没有深入研究它的机制。从那时以来，没有人给出过任何成功的机制。”尽管牛顿在私人信件中涉及过这一话题，例如在1678年2月28日致玻意耳（R. Boyle）的信中，他提出过一个关于引力原因的“猜测”——当然物理学发展的历史表明这个猜测也是不成功的。至于引力的传播，费曼认为“按照牛顿的看法，引力效应是瞬时的”，这也就是通常所说的“超距作用”，即认为引力是以无穷大速度传播的。而事实上，一旦传播速度为无穷大，也就从根本上消解了“传播”这个问题本身。

其实，牛顿的同时代人已经清楚意识到了这一点。在《伊萨克·牛顿爵士颂词》（*Eloge de M. Neuton*）中，法国皇家科学院常任秘书丰特奈尔（Fontenelle）写道：“不知道引力由什么构成。牛顿爵士本人对此略而不论……他非常直率地宣称，他只是作为一个他不知道的原因提出这种吸引，他只考虑、比较并计算这种吸引的效应……然而这些原因确实是隐蔽的，他留给其他哲学家去探索。”

问题是，牛顿身后两百多年，始终没人在这个问题上探索出任何名堂来，直到爱因斯坦提出相对论。在爱因斯坦的宇宙图景中，“光速极限”是一个基本假定——宇宙间没有任何物质或信息能够以高于光速的速度移动或传播。这样一来，牛顿“超距作用”的引力就是不被允许的概念了。只有在“光速极限”的假定之下，“引力传播”才能构成一个问题。爱因斯坦相信引力也是以光速传播的。这里有一个有趣的类比：当年麦克斯韦提出电磁理论，就预言了电磁波的存在：加速运动的电荷会产生以光速传播的电磁波。现在爱因斯坦也预言了引力波的存在：加速运动的物体会产生以光速传播的引力波。

到底什么是“发现”？

不过，引力波非常微弱，需要那个辐射出引力波的物体质量非常之大，才有可能被探测到。物理学家考虑作为引力波辐射源的对象，大致有如下5种——注意排列顺序是一个比一个更玄。

（1）恒星中的双星系统。这是最“常规”的想法，两颗有着巨大质量的恒星相互绕转，可以辐射出引力波。

（2）超新星爆发。物理学家推测，在一次超新星爆发中，可能会有1%的能量以引力波的形式释放。

（3）脉冲星。这是超新星爆发后的产物，它的引力波辐射强度比超新星爆发要弱得多，只是它可以持久，而超新星爆发是短暂的。

（4）黑洞的形成或碰撞。物理学家相信，巨大质量的引力坍缩形成黑洞时，或两个黑洞碰撞时，都可以辐射出极强的引力波。

（5）宇宙大爆炸。在物理学家的想象中，大爆炸生成宇宙时，会有极大的能量转化为引力波，这样的引力波仍有可能残留在今天的宇宙中，即所谓的“原初引力波”。

韦伯设计的引力波探测器，是一根用细丝悬吊着的粗矮铝质圆柱，置于密闭的真空环境中，俗称“韦伯棒”。其理论依据是，引力波传播引起的空间移动，会使铝柱产生应变，而连接在铝柱质心处的精密压电晶体可以探测到这种效应。这个想法听上去还有点“看得见摸得着”的样子。后来物理学家开始应用激光干涉仪来探测引力波，这时“噪声”问题开始突显出来，如何将各种来源的噪声和希望探测到的引力波信号分离开，成为棘手的问题。这两个方案都没有探测到任何引力波。

在大爆炸宇宙理论中，大爆炸留下了“背景辐射”，这个宇宙背景辐射后来用射电望远镜探测到了，成为大爆炸宇宙理论的重要验证之一。这回宣称发现“原初引力波”的研究项目，就是试图用射电望远镜在宇宙背景辐射中“发现”引力波的踪迹。

到这里，科学的不确定性就跑出来了。这时的所谓“发现”，是建立在一系列理论假设、仪器测量、数据解读的长长链条末端的，而这个链条中的任何一个环节，都可能是有疑问的，都可能出问题。现代科学最前沿的“发现”，比如这次的“原初引力波”，或者前些时候甚嚣尘上的“上帝粒子”，都是建立在这样的链条末端的。

这次“发现原初引力波”的故事是这样的：BICEP2 团队的科学家打算在宇宙背景辐射中探测某种细微的“卷曲偏振结构”，结果一片银河系中的尘埃误导了他们——你没听懂是吗？不要紧，我也没搞懂，我们只要知道他们至少在数据解读环节犯了错误即可。

我们的身体是“客观存在”吗?

医学与人类身体故事的不同版本

在现代科学的话语体系中，我们的身体或许已经被绝大多数人承认为一种“客观存在”了。这种观念主要是由现代西方医学灌输给我们的。你看，“现代医学”有解剖学、生理学，对人体的骨骼、肌肉、血管、神经……无不解释得清清楚楚，甚至毛发的构成、精液的成分，也都已经化验得清清楚楚。虽然医学在西方并未被视为“科学”的一部分（科学、数学、医学三者经常是并列的），但西方“现代医学”在大举进入中国时，一开始就是在“科学”的旗帜下进行的，西医被营造成现代科学的一部分，并且经常利用这一点来诋毁它的竞争对手——中国传统医学。这种宣传策略总体来说是非常成功的，特别是在公众层面，尽管严肃的学术研究经常提示我们应该考虑其他图景。

关于人类身体，我们今天的大部分公众，其实都是偏听偏信的——我们已经被西医唯科学主义的言说洗脑了，以至于许多人想当然地认为，关于人类的身体、健康和医疗，只有一个故事，就是“现代医学”讲述的故事。他们从来没有想到，这个故事其实可以有很多种版本，比如还可以有中医的版本、藏医的版本、印第安人的版本，等等。

更重要的是，所有这些不同版本，还很难简单判断谁对谁错。这主要有两个原因。

一是，人类迄今为止对自己的身体实际上了解得远远不够。西医已有的人体知识，用在一具尸体上那是头头是道没有什么问题的，问题是“生命是一个奇迹”（这是西方人喜欢说的一句话）——活人身上到底在发生着哪些事情，我们还知之甚少。而西医在营造自己的“科学”形象时，经常有意无意地掩盖这一点。

二是，一个今天经常被公众忽略的事实——以往数千年来，中华民族的健康是依靠中医来呵护的。当西医大举进入中国时，在中医呵护下的中华民族已经有了四亿人口。仅仅这一个历史事实，就可以证明中医也是卓有成效的。由此，中医关于人类身体故事的版本，自然就有其自立于世界民族之林的资格。

身体的故事是一个罗生门

2002 年，在由我担任地方组织委员会主席的第 10 届国际东亚科学史会议上，日本学者栗山茂久是我们邀请的几位特邀大会报告人之一，当时他的报告颇受好评。这是一位相当西化的日本学者，他用英文写了《身体的语言——古希腊医学和中医之比较》（以下简称《身体的语言》）一书。同时他又是富有文学情怀的人，所以这样一本比较古希腊医学和古代中国医学的学术著作，居然被他写得颇有点旖旎风骚光景。

在《身体的语言》正文一开头，栗山茂久花了一大段篇幅，复述了日本作家芥川龙之介一篇著名小说的故事。芥川龙之介的这篇小说，因为被改编成了黑泽明导演的著名影片《罗生门》而声名远扬。大盗奸武士之妻、夺武士之命一案，扑朔迷离，四个人物的陈述个个不同。“罗生门”从此成为一个世界性的文学典故，用来表达“人人说法不同，真相不得而知”的状况。在一部比较古希腊医学和中医的著作开头，先复述“罗生门”的故事，就已经不是隐喻而是明喻了。

栗山茂久对于中医用把脉来诊断病情的技术，花费了不少笔墨，甚至还引用了一大段《红楼梦》中的有关描写。这种技术的精确程度，曾经给西方人留下了深刻印象。更重要的是，这种技术在西方人看来是难以理解的。栗山茂久也说："这种技术从一开始就是一个谜。"之所以如此，他认为原因在于中国人和西方人看待身体的方法和描述身体的语言，都是大不相同的。

作为对上述原因的形象说明，栗山茂久引用了中国和欧洲的两幅人体图：一幅出自中国人滑寿在公元 1341 年的著作《十四经发挥》，一幅出自维萨里（Vesalius）在公元 1543 年的著作《人体结构七卷》（*Fabrica*）。他注意到，这两幅人体图最大的差别是，中国的图有经脉而无肌肉，欧洲的图有肌肉而无经脉。而且他发现，这两幅人体图所显示出来的差别最晚在公元二三世纪就已经形成了。

确实，如果我们站在所谓"现代科学"的立场上来看中医的诊脉，它真的是难以理解的。虽然西医也承认脉搏的有无对应于生命的有无这一事实，但依靠诊脉就能够获得疾病的详细信息，这在西医对人体的理解和描述体系中都是不可能的、无法解释的。

我们从这些例子中看到，双方关于身体的陈述，是如此的难以调和。再回想栗山茂久在书中一开头复述的《罗生门》故事，其中的寓意就渐渐浮出水面了。栗山茂久的用意并不是试图"调和"双方——通常只有我们这里急功近利的思维才会热衷于"调和"，比如所谓的"中西医结合"就是这种思维的表现。栗山茂久只是利用古希腊和古代中国的材料来表明，关于人类身体的故事就是一个"罗生门"。

怀孕是另一个罗生门

很长时间以来，我们已经习惯了在科学主义话语体系中培育起来的关于身体故事只有"现代医学"唯一版本的观念，而正是这种版本的唯一性，使我们相信我们的身体是"客观存在"。如果说栗山茂久的《身体的语言》可以帮助我们解构关于身体认识的版本唯一性，那么克莱尔・汉森的著作《怀孕文化史——怀孕、医学和文化（1750—2000）》可以给我们提供另一个更为详细的个案。

怀孕作为人类身体所发生的一种现象，当然也和身体的故事密切相关。怀孕这件事情，作为身体故事的一部分，每个民族，每种文化，都会有自己的版本；而且即使在同一民族，同一文化中，这个故事在不同时期的版本也会不同。

而近一个世纪以来，中国公众受到的教育，总体上来说是这样的图景：先将中国传统文化中关于怀孕分娩的故事版本作为“迷信”或“糟粕”抛弃，然后接受“现代医学”在这个问题上所提供的版本，作为我们的“客观认识”。

应该承认，这个图景，到现在为止，基本上还不能说不是成功的。不过在中国传统文化中，怀孕分娩的故事也自有其版本，那个版本虽与“现代医学”的版本大相径庭，但在“现代医学”进入中国时中国已有四亿人口这一事实，表明那个版本在实践层面上也不能说是失败的。推而论之，世界上其他民族，其他文化，只要没有人口灭绝而且这种灭绝被证明是因为对怀孕分娩认识错误造成的，那么他们关于怀孕分娩故事的版本，就都不能说是失败的。

一个具体而且特别鲜明的例子，就是中国的产妇自古以来就有“坐月子”的习俗，而西方没有这样的习俗。不久前还有极端的科学主义人士宣称“坐月子”是一种“陋俗”，在应革除之列。因为按照“现代医学”关于人类身体的统一版本，中国女性和西方女性在生育、分娩、产后恢复等方面没有任何不同。

让我稍感奇怪的是，“现代医学”在进入中国之后，对中国传统医学中的几乎一切内容都以“科学”的名义进行否定或贬抑，唯独在“坐月子”这个习俗上，今天中国的西医也没有表示任何反对意见。如果将这个现象解释为西医“入乡随俗”，那么它同时却不可避免地损害了西医的“科学”形象——因为这等于同一个人，讲同一件事，但面对西方人和面对中国人却讲两个不同的版本，这样做就破坏了关于身体故事的版本唯一性，从而也就消解了“现代医学”话语中关于人类身体的客观性。

大学是对抗“互联网+”的最后堡垒吗?

“互联网+”攻略视野中为何没有大学?

历史上著名的争议人物之一金海陵王完颜亮，虽是女真人却也接受汉文化，传世诗文不多，最有名的当然是这一首：“万里车书一混同，江南岂有别疆封，提兵百万西湖上，立马吴山第一峰。”此诗标题或作“南征至维扬望江左”，或作“题临安山水”，总之是表现海陵王面对南宋锦绣河山时那种急不可待的征服欲望。

现在，提兵百万的海陵王已有一群，他们就是当今互联网企业的弄潮巨头们，马化腾当然是其中的一位。在《互联网+：国家战略行动路线图》一书中，马化腾和他的部下、谋士、同行、友人及“文学侍从之臣”们，立马吴山，踌躇满志，将工业、农业、金融、交通、能源、建筑、零售、物流、社区……尽数纳入准备征服的视野，“万里车书一混同”的豪情壮志跃然纸上。

然而奇怪的是，在他们的攻略视野中，我没有找到大学——事实上，在这本450余页的书中，连“大学”这两个字都几乎没有出现过!

大学是什么地方?大学不是最早亲近互联网的地方吗?不是硅谷的依托吗?为什么这样一块风光旖旎的临安山水，竟然没有出现在互联网海陵王征服的视野中?难道大学已经变成对抗“互联网+”的锡安要塞?还是成了终止海陵王南征的采石战场?

互联网降低学术准入门槛但也矮化了学术

“互联网 +”最近成为极热的热词，它究竟是什么意思，有多种解释版本，比如官方版、马化腾版、阿里版、李彦宏版、雷军版，文字各有异同，意思大同小异。用我自己理解的大白话来说则是，互联网技术的洪水冲决以往各种准入限制，各行各业大洗牌，最终达到打破垄断、降低成本、提高效率的新局面。这个精神我是完全赞成的，因为它在整体上对全社会有利。这和我以往“赞成作为通信工具的互联网”的立场，也是完全一致的。

对于互联网海陵王的“临安山水”中所没有的大学，我已经观察很久了，互联网对这片山水的影响，其实是喜忧参半的。

在前互联网时代，学术资料的获取具有很高的准入门槛，比如，你要想研究某个美国学术商人的成功奥秘，不亲自跑到美国去查阅有关档案资料，研究是不可能有效进行的。去一趟美国当然需要成本，这成本就构成了准入门槛。所以很长时期，中国学者普遍回避西方的研究课题，获取学术资料的准入门槛是一个重要因素。但是互联网冲破了这样的准入门槛，现在中国学者在自己的校园里，就可以获取许许多多在美国的学术资料。我们上海交通大学科学史的博士们，就成功研究了多项美国和英国的课题。这种现象是符合上述“互联网 +”精神的，也是互联网对大学的正面影响。

但是，再正面的影响，如果一味扩展下去，也可能走入人们不愿意看到的局面中去。比如，互联网冲破了学术资料的准入门槛，上海交通大学的博士可以研究美国国家航空航天局（NASA）的政治背景，可以研究《自然》（*Nature*）杂志的前世今生，那么只要有了互联网，某个地区师专的学生也可以研究啊！再往下想，某个考不上大学的乡村学究也可以研究啊！不错，他们都可以研究，进而言之，谁都可以研究。这不正是“互联网 +”精神的体现吗？

这样的影响，在现实世界确实已经产生，其结果之一就是“学术论文”的急速增长。据说在以往10年中，全世界论文的发表数量增长了100倍。你当然可以将这样的现象解读成“学术繁荣”的表现，但显然也可以有别的解读。

要在10年中让论文的发表数量增长100倍，没有互联网的帮助是不可能的，你无法想象世界上的纸质杂志在以往10年中增长了100倍。是互联网提供了“网络出版”这种玩意儿，越来越多的作者们网络投稿，外包的公司网络审稿，然后杂志网络出版。杂志不再受到篇幅的限制，想发表多少论文就发表多少论文。进入这样的局面之后，“发表论文”的实际含义，也就和以往人们熟悉的含义渐行渐远了。

这里我们看到的是，互联网对于大学的学术研究而言，固然有打破垄断降低准入门槛的功效，却也在同时矮化了学术。而这两点，并不是大学乐意看到的。

大学教育筛选功能与“互联网+”的对峙

现代教育，或者我们先收小一点，现代大学教育，有没有问题？当然有一大堆问题。这一点在中国和美国都一样，甚至在发展中国家和在发达国家都一样，至多只是问题的侧重和程度有差别。而在我看来，现代大学教育中的种种问题，最主要的根源，是因为人们没有认识到：现代教育的社会功能已经越来越偏离教育的原初宗旨了。

教育的原初宗旨是什么？可以用八个字一言以蔽之，就是“技能传授，人格养成”。我们中的绝大部分人都想当然地认为，现代的大学教育，就是为了实现这八个字。上面我们谈到的“互联网+”精神冲破准入门槛，和这个原初宗旨是不矛盾的，甚至是相得益彰的。

然而，许多人没有意识到的是，现代教育另有一项极其重要的社会功能，不是“技能传授，人格养成”，而是“筛选”！

只要社会资源处于短缺状态，“筛选”就是必不可少的——我们必须不断地让一部分人出局，我们的社会资源才够在剩下的人群中分配。以前靠贵族血统或武力杀戮来完成筛选，大家越来越感到太不公平、太不人道。人类社会一直在寻找着更公平、更人道的筛选方式，而现代大学教育就是被选中的相对最公平、最人道的筛选方式。

为什么要搞应试教育？为什么孩子要在学校里学那么多根本没用的知识？……我们完全不必为这样的问题义愤填膺。因为无情的答案是，就是为了让一部分孩子学不下去，好让他们出局。怎么可能人人都当美国总统呢？怎么可能家家的孩子都从北大、清华毕业呢？用学习成绩来决定谁出局，总比靠“拼爹”公平，比靠打架人道吧？现在普遍流行的“智商测试”，发挥的也是教育筛选的辅助功能。

如果我们同意现代大学教育具有这样的筛选功能，再去看大学和“互联网＋”之间的关系就会别开生面。比如慕课（MOOC）问题——这几乎是目前人们能够想到的大学和“互联网+”之间唯一的接口，在450余页的《互联网+：国家战略行动路线图》中，只有一页的篇幅谈到了慕课，我认为中国的慕课发展得不尽如人意。

其实，慕课是符合“互联网+”精神的，它希望冲破门槛；但它却偏偏是和现代大学教育的筛选功能直接冲突的，因为筛选功能要求高筑门槛。人们推介慕课时，经常会讲“非洲穷孩子也能听到哈佛名师的课”之类的动听话语，也确实有一些“哈佛名师”的课可以从互联网上下载或共享。但是“非洲穷孩子”听了这种课有什么作用呢？为哈佛做做广告是不错的，让这孩子对哈佛心向往之。不过，你没指望这个“非洲穷孩子”也能从哈佛毕业吧？如果慕课真的能让全世界想从哈佛毕业的孩子都从哈佛毕了业，它就彻底摧毁了现代大学教育的筛选功能。而这对于当下大学的利益来说，将是毁灭性的伤害。

所以我预言：只要我们还需要现代教育的筛选功能，“互联网+”攻城略地的兵锋就会在大学校门口停下来，大学校园就是互联网海陵王面临的采石战场。我甚至怀疑，马化腾已经知道了这一点，因此在他《互联网+：国家战略行动路线图》的临安山水中，根本没有画上大学这一块。

“影响因子”：学术江湖的《葵花宝典》

为什么“影响因子”是《葵花宝典》？

读过金庸《笑傲江湖》的人都知道，《葵花宝典》是江湖中神秘的武学秘籍，练成之后威力极大，所以人人争夺，闹得江湖上腥风血雨。但《葵花宝典》有个致命弱点——“欲练神功，引刀自宫”！小说中所有练此“神功”的人一个个身心变异，全都没有好下场。

正是在这个意义上，“影响因子”可以比作《葵花宝典》：发起这个游戏的西方人和少数西方杂志，已经在这个风靡全球的游戏中大获其利，但中国学术界如果跟着玩这个游戏，其结果必将是“引刀自宫”！

我将在此为读者讲述这个当今学术江湖中还远远不为人所知的隐秘故事。这个故事包括如下要点：

“影响因子”是用来赚大钱的；

用“影响因子”赚大钱的人，如何让世人将他的私人商业公司误认为“国际权威科学机构”？

当初是哪些人和杂志发起了“影响因子”游戏，他们又如何从中大获其利？

“影响因子”可以如何使用“合法”手段操弄？

为何中国学术界跟着玩这个游戏就会“引刀自宫”？

我们先窥看一些《葵花宝典》中的具体内容——暂不包括“引刀自宫”的骇人场景。

影响因子计算公式的第一个问题：两年期限

“影响因子”作为一个专门术语，1955年首次出现在“影响因子教父”尤金·加菲尔德（Eugene Garfield）发表在《科学》（*Science*）杂志上的一篇文章中：

> 通过该系统（指“科学引用索引”SCI），可以有效检索收录期刊论文被哪些文章引用过，这在历史研究中将发挥明显作用，当人们尝试评估某项研究成果的意义，或它对同时期的文献或思想产生的影响时，“影响因子”应该比科学家出版成果的绝对数量更具说服力。

加菲尔德最初将一篇文章的被引用次数作为“影响因子”，但在8年后的另一篇文章中，他把“影响因子”定义修正为“期刊文章的平均被引用次数”。而汤森路透（Thomson Reuters，加菲尔德当初创建的出售SCI和“影响因子”的私人商业公司ISI如今被它收购在旗下）现今逐年发布的“期刊引证报告”（JCR）上，影响因子算法的标准定义是：

期刊X在前面两年发表的源刊文本（source items）在当年度的总被引用数，除以期刊X在前面两年发表的文章（article）总数量，即为期刊X当年度影响因子的得数。其中“源刊文本”指的是SCI（后来包括SSCI和A & HCI）任一收录期刊上发表的所有文本。

这个公式中的第一个问题是，源刊文本的“引用窗口”为什么设定为两年？为什么SCI期刊文本只在发表后第二、第三年度发生的引用，才对期刊“影响因子”产生有效贡献？常识告诉我们此后引用肯定还会持续发生的。

加菲尔德1972年发表在《科学》杂志上的文章，对这一设定作了解释，他逐年统计1964～1970年SCI收录期刊的参考文献，其中发表年限在三年内的比例依次为：31.09%、30.24%、26.60%、25.91%、25.32%、25.18%和23.95%。明明两年内的引用只占两三成，但不知何故他却就此得出了“论文被引用主要发生在发表当年后的两年内”的论断。照理说“两年期限”作为“影响因子”算法非常重要的一项准则，加菲尔德有必要单独撰文，或至少也应该在文章中详细说明理由，但他却只用一条注释（该文注释29）糊弄过去。难怪一些西方学者感到无从知晓“两年”标准是依据什么得来的。

针对这一问题，格兰采尔（W. Glanzel）和莫伊德（H. Moed）2002年发表的论文已经提供了一个非常有力的反驳案例。他们考察了医学期刊《柳叶刀》（*Lancet*）和社会学期刊《美国社会学评论》（*American Sociological Review*），对两刊1980年发表文章在之后十年的平均被引用率进行逐年比较。发现在头三年，《柳叶刀》论文的平均引用率明显高于《美国社会学评论》，但随着年限逐渐累积，到第十年《美国社会学评论》的引用率就大大高于《柳叶刀》了。

这一结果表明，对医学期刊和社会学期刊采用同样的“引用窗口”年限就不合理。医学作为最活跃的研究领域，新旧理论频繁更迭，其中某些成果发表后引发的关注甚至是爆发式的。但在人文领域，新的思想和观点提出后，往往需要等待若干年的“发酵”，才可能引发关注。

这就表明，汤森路透逐年公布的“影响因子”很难说是客观的。然而，在“影响因子”被捧上神坛的今天，学界即使意识到了这一点，也已经别无选择。2003年加菲尔德对这一问题的回应，就完全是一副“木已成舟能奈我何”的架势：“我们不想等若干年后才了解一份期刊的被引用情况。ISI完全有能力计算3年、5年的影响因子，我们甚至有10年、15年的影响因子数据库，但它们需要单独订阅。”

在这个傲慢的表态中，“影响因子”的合理性是无所谓的，商业利润才是王道。“它们需要单独订阅”，你想知道更多情况，另外再掏钱啊！——别忘了，SCI和JCR数据也都是要花钱向ISI购买的。

影响因子计算公式的第二个问题：分母变化

第二个问题出现在“影响因子”计算公式的分母中。作为分母的“文章”（article）究竟指什么呢？按照加菲尔德最后的定义，“文章”只包括“原创研究论文”（original research paper）和“评论”（review）。

我们中国人特别老实，办学术刊物就只登 research paper（研究论文），至多偶尔登一两篇 review（评论）；办普及刊物那就根本不会登任何 research paper 和 review。所以对中国人来说，计算公式分母中的“文章”不会有任何问题——它就是一本学术刊物所刊登全部文章的数量。

可是到了洋人那里，情况却完全不同了！许多刊物除了刊登原创论文和评论，还要发表杂志社论、技术通信、通告、读者来信、科学讯息、观察报告、书评、影评乃至科幻小说！如今“影响因子”遥遥领先的几家最知名科学刊物——《自然》、《科学》、《柳叶刀》、《美国医学会杂志》（*The Journal of the American Medical Association*），《新英格兰医学杂志》（*The New England Journal of Medicine*）等，无不如此。

在 1972 年发表于《科学》杂志的文章中，加菲尔德将《自然》《科学》《柳叶刀》《美国医学会杂志》这类刊物上的所有文本都计入算式分母，理由是“全部计入”不失为较为便捷的处理手段；况且“这些期刊上的非学术文本也是潜在的被引用文本”（见该文注释 28）。但这种做法对《自然》《科学》之类的期刊非常不利，它们的排名全都在 40 名之后。

针对这一情况，在 1975 年的 JCR 报告中，加菲尔德对规则作了调整，规定分母项只包括三类“学术文本”：原创研究论文、评论和技术报告（technical notes）。1995 年度的 JCR 报告中分母规则再次调整，技术报告也被剔除，只保留原创研究论文和评论文章两项，这一做法保持至今。“非学术文本”不再计入的理由，已经变成“它们很难获得引用”——后文将表明这并非事实。

分母大幅度减小对《自然》《科学》这类期刊的“影响因子”产生了神奇的效果，它们的“影响因子”排名全部大幅上升，其中《美国医学会杂志》竟惊人地提升了100位。对此加菲尔德只委婉承认“部分归结于这个原因”。

请注意《自然》杂志——我已经谈过它刊登的那些科幻小说了，它和“影响因子”之间有着极为微妙的关系，且待后文慢慢道来。

SCI与诺贝尔奖预测

我曾在文章中指出，“影响因子”游戏对于中国学界来说已成《葵花宝典》，讨论了影响因子计算公式中的两年期限问题和分母问题，揭示了加菲尔德发布 SCI 和影响因子的私人商业公司如何通过取名“科学情报研究所”（ISI）达到鱼目混珠的效果，从而获取惊人的商业利润。但这些还只是热身而已，SCI 和影响因子的江湖游戏，固然没有“月黑杀人夜，风高放火天”之刀光剑影，却也是黑水深潭，传奇无数。

讲个故事推销产品

尤金·加菲尔德是白手起家的商业奇才，他 1925 年出生于纽约布朗克斯区，三个学位依次是，1949 年哥伦比亚大学化学学士，1954 年哥伦比亚大学图书情报学硕士，1961 年宾夕法尼亚大学结构语言学博士。1956 年，还在读博期间的加菲尔德就注册成立了他的小公司，推出的第一款信息产品是《目录快讯》（*Current Contents*，*CC*），一种对管理类杂志目录进行定期汇编的小册子。除了零售散卖外，贝尔实验室（Bell Lab）成为他第一家企业用户。为了完成贝尔的订单，加菲尔德需要 500 美元的印刷费，他都拿不出来，不得不从私人银行贷款。从 60 多年前“空手套白狼”发展到今天的“信息帝国”，在科学界乃至人文学术界俨然有君临天下之势，确实堪称科学、信息、资本三者结合的传奇。

加菲尔德多年来推销他的产品时，不仅手法高明，而且不遗余力。为了让他的信息商品能够位居高端，他早期的手法之一是讲一个动人故事——SCI 可以预测诺贝尔奖。

1965 年，即 SCI 推向市场的次年，在美国海军研究办公室主办的一次学术会议上，加菲尔德作了大会报告。当时他迫切需要打开 SCI 的市场，所以他的报告实际上成了一次不失时机的产品推介。

当时加菲尔德宣称，SCI 有五项功能。今天看来，其中四项尚属言之成理（便于学者了解前人工作、追踪研究成果的发表来源、用于计算期刊的“影响因子”、为科学史研究提供辅助手段），但最贻害后世的是另一项——可作为评估研究成果的手段。

而在阐述这项功能时，加菲尔德选择了最能撩拨科学界敏感神经的“诺贝尔奖预测”来作论证。他利用自己 1964 年首次出版的 1961 年度 SCI 报告，统计了 1961 年 257 900 位学者的成果被 SCI 论文引用的情况，又统计了 1962 年、1963 年产生的 13 位物理、化学、生理学或医学诺贝尔奖获得者的论文引用情况，数据表明，该 13 位学者在获得诺贝尔奖的前一年，他们的成果被 SCI 论文引用的平均次数远高于一般水平。

这确实表明优秀科学家群体有着较高的 SCI 论文被引用数，但能不能反过来从 SCI 论文引用数评估一个学者的学术水平呢?

具有讽刺意味的是，就在两年前的一篇文章中，加菲尔德还发出警告：利用论文引用次数评估科学家和科学成果可能存在风险，理由是“论文的影响和论文的重要性及意义是两码事”。他甚至非常恰如其分地引用了苏联李森科的例子，说如果引用次数最多的作者应该获得诺贝尔奖，那就会得出李森科是苏联最伟大的科学家的荒谬结论。但加菲尔德在随后持续打造 SCI 产品“学术形象”的过程中，却完全不顾自己当初发出的警告，从 1965 年起他先后撰写了 30 多篇文章，力图证明 SCI 引用可以“预测”诺贝尔奖。在汤森路透（加菲尔德的商业公司“科学情报研究所”现今的主人）官网上，至今还能看到这样的说法。

加菲尔德“预测诺奖”的三个问题

事实上，加菲尔德 1965 年报告引用的 13 位诺贝尔奖获得者中，已有一个明显反例：按照他的统计，1963年度物理学奖获得者约翰内斯·詹森（J. H. Jensen）1961年3篇论文的SCI引用才4次，连引用次数的平均值（5.51次）都未达到。

在1990年的一篇综述文章中，加菲尔德力图将所谓“高引作者名录”和诺贝尔奖联系起来。仔细分析加菲尔德这篇文章所提供的数据，可以发现他对数据的处理和使用，至少存在三个问题。

第一，非常明显地对数据进行“选择性呈现”。每年新增SCI论文数以万计，这些论文产生的引用会让SCI“高引名录”各年大不相同，因此截取年限不同，结果就不一样。加菲尔德提供的6组数据中，起始年份各不相同，截止时间都在1990年（该文写于这年），截取年限依次为1年、1年、11年、14年、13年和15年，并无章法可循。事实上，1961～1990年30多年间，所有可能截取的年限共有465种，对应的“高引名录”就应该有465份——而加菲尔德仅仅给出了其中6份，对于如此明显的选择性呈现，加菲尔德却没有交代任何理由（哪怕宣称是“随机抽取”）。

第二，没有说明“高引作者名录”人数的选取标准。因为名单越长，其中出现诺贝尔奖得主的概率也就越大。加菲尔德的6组数据，名单人数从最初的50扩大到了后来的1000，却没有给出任何理由。

第三，没有明确预测的有效年限。通常，预测事件发生是有时限要求的。加菲尔德6组数据的预测年份截止于1990年，只是因为他的文章写于这一年。如果预测的有效期限可以随意选取，这不符合“预测”的基本要求。

“高引名录”的失效

加菲尔德之后，有的学者采用相同路径加入“预测”行列，这些工作在理论上对引导学界相信SCI论文“高引”可预测诺贝尔奖起了推波助澜的作用，而客观上则是在自觉或不自觉地帮助ISI推销产品。但对于这种“预测”，学界持异议者大有人在，这里姑举一例。

学者金格拉斯（Y. Gingras）和华莱士（M. Wallace）2010年发表一项研究，对比物理和化学领域的两组数据，逐年统计1901～2007排名前500的“高引作者”的被引情况，及1901～2007年330位诺贝尔奖得主的被引情况。统计结果显示：1900～1945年，诺贝尔奖得主在获奖当年的平均被引用次数确实高于其他高引作者，出现一个突出的峰值；但是1946～2007年，这样的峰值再未出现。这意味着，1900～1945年，成果引用数或许可以看作预测诺贝尔奖的有效风向标，但是从1946年以后，试图从“高引作者”中鉴别出诺贝尔奖得主已经没有可能。他们对这种变化给出的解释是，20世纪50年代以来科研人数急剧增加，同时专业分支在不断细化。如果他们的研究结论成立，那就表明：早在SCI作为一种商品被销售之前大约20年，它在“预测诺贝尔奖”这件事上就已经失效了。

对金格拉斯和华莱士上述研究结论非常有利的最新证据是，“科学情报研究所”2014年公布的“高引作者”名录中，尽管包括了多达3216位科学家，但这年的诺贝尔奖“预测”命中率为零。

然而这并不妨碍“高引作者”名录继续受学界追捧，因为在“SCI引用”风行整个学界的今天，能进入该名录已被当成学术水平突出的象征。更何况，鼓吹“预测诺贝尔奖”本来只是加菲尔德当年推销SCI产品的一个手段，如今时移世易，SCI和“影响因子”声势如日中天，能不能预测诺贝尔奖早已无关紧要了。

中国学者和媒体对“影响因子”计算公式普遍误解

关于“影响因子”的江湖故事，我已经讲述到六回之多，随着最近汤森路透决定将 SCI 和“影响因子”业务转卖的新闻在国内传播开来，这个故事第二回中揭示的“影响因子”的纯粹私人商业性质，进一步得到了确认，并引起了学术界更为广泛的关注。

而在上两回中，我讨论了两栖化 SCI 期刊上的大众文本对期刊“影响因子”的直接贡献和隐性贡献。也许有些读者会隐隐产生疑问：指出这两点究竟有什么意义呢？它们的意义将在后面进一步显现出来。

国内专家和媒体心目中“想当然”的影响因子公式

国内许多热爱“影响因子”的人士，长期从思想上对“影响因子”顶礼膜拜，但悲催的是，他们却连自己热爱的对象是什么都没搞清楚！一个令人啼笑皆非的事实是：

长期以来，国内学者和媒体对“影响因子”计算公式的理解普遍是错误的。

例如，目前从百度上搜索对“影响因子”计算公式的表述，几乎全是错的。更多的例子表明，在这一轮对“影响因子”新的关注中，上述错误仍然保持不变，这里姑举近日见到的两例。

2016 年 6 月 20 日《解放日报》题为“《细胞研究》跻身国际一流期刊”的报道中称：“影响因子是目前国际上通行的一项客观的期刊评价指标，即期刊前两年发表的论文在统计当年被引用的总次数除以该期刊在前两年内发表的论文总数。”

2016年7月12日《光明日报》上严蔚刚题为“科研评价应遵循什么基本原则——A类期刊与莱顿宣言、旧金山宣言的对话”的文章，谈到“影响因子”时称：“期刊影响因子是20世纪50年代由汤森路透公司开发出来的……含义是某期刊前两年发表的论文在统计当年的被引用总次数除以该期刊在前两年内发表的论文总数。”

严文中的第一个错误这里就不必多说了：开发SCI和“影响因子”报告业务的是“科学情报研究所”（ISI）而不是汤森路透，ISI直到1992年才被汤森路透收购到旗下。不难看出的是，上面两例中对“影响因子”定义的理解同出一源（几乎就是百度上的文本）。而据《解放日报》记者告知，这个定义“是中科院的专家告诉我们的”。

正确的“影响因子”计算公式到底是怎样的？

其实“影响因子”计算公式每年都被表述在ISI发布的《期刊引证报告》（JCR报告）上，但是国内学者和媒体在谈到这个公式时，普遍不考察原初文本，只满足于人云亦云。这个公式的准确表述，当然应该以ISI每年发布的JCR报告上的文本为准。

一份期刊前两年中发表的“源刊文本”在当年度的总被引用数，除以该期刊在前两年所发表的“引用项”文章总篇数，即为该期刊当年度的影响因子数值。用分数式表达就是：

$$\begin{array}{l}\text{期刊}N\text{年度}\\ \text{的影响因子}\end{array}=\frac{\text{该刊}(N-2)+(N-1)\text{年所有源刊文本在}N\text{年度总被引用数}}{\text{该刊}(N-2)+(N-1)\text{年发表引用项总数}}$$

按照ISI给出的定义，所谓“源刊文本”（source items），是指该SCI期刊发表的所有文本，而“源刊文本”又被区分为“引用项”（citable items）和“非引用项”（uncitable items）。通常情况下，“引用项”对应学术文本，“非引用项”对应非学术文本。

需要特别注意，在上面的分数式中，分子部分的统计对象是期刊上所有文本——包括“引用项”和“非引用项”——所产生的全部引用次数；而分母部分的统计对象却只包括“引用项”的文章篇数。

对于长期习惯于在学术期刊上只刊登学术文本的中国人来说，将

“源刊文本”区分成“引用项”和“非引用项”是没有意义的——在我们习惯的观念中，一本学术期刊的“源刊文本”数就是它的“引用项”数。所以对未曾深究过“影响因子”的人（包括许多科学家）来说，百度和上引权威报刊文章中对“影响因子”公式的错误理解，实属自然。

科学家们犯这种人云亦云的错误，或许情有可原——因为通常他们没有史学训练，而在他们的科学训练中，“考察原初文本”并不是一个得到强调的原则。就好比人们在应用万有引力理论时，通常并不需要去考察牛顿《自然哲学之数学原理》中的原初文本。

应该明确指出的是，国内对影响因子计算公式的表述普遍错误，而造成这种普遍错误的根本原因，则是在中国几乎不存在两栖化的期刊，所以影响因子计算公式的表述者们，都想当然地将分母中的“引用项”数等同于分子中的“源刊文本”数。也就是说，对于中国杂志而言，如果是学术杂志，那在绝大部分情况下，它的全部文本都是“引用项”，所以“源刊文本”数就等于“引用项”数；而如果它不是学术杂志，那它的“引用项”数就是零，因而也就不可能加入“影响因子”游戏了。

关于“影响因子”的合理性和公正性

ISI 的“影响因子”计算公式，从提出到今天，中间曾有过修改。最初加菲尔德给出的定义，倒是和中国学者误解的形式相当接近：在公式中，分子部分包括期刊全部文本的全部引用，分母部分则是全部文本的篇数。唯一的区别只是，在中国学者的误解中，没有考虑西方某些期刊的两栖化——在中国学者的误解中，学术期刊“源刊文本”中的“非引用项”从来都是等于零的。

应该说，加菲尔德最初的“影响因子”计算公式还是比较合理的。所以也可以说，中国学者和媒体对“影响因子”计算公式的误解，实际上拔高了“影响因子”的合理性——尽管这未必是它的创始人真正追求的。

谁知才过了三年，到1975年，加菲尔德就修改了“影响因子”的定义，将计算公式改成了现在的形式——分子包括全部文本，即“引用项”和“非引用项”的全部引用，而分母则只包括“引用项”的文章篇数。此外，公式中“两年期限”的合理性，多年来也在学术界备受质疑和争议，这些我已经在“影响因子”江湖故事的第一回中讨论过。

据说当初我指出“影响因子”背后的商业性质，已经严重伤害了那些“影响因子”崇拜者的感情，他们纷纷质问：商业化就必然不公正吗？其实，在揭示ISI和“影响因子”的商业性质时，我从未表示过“商业化就必然不公正”这样的意思——因为我并不这样认为。但这种质问背后却是有隐含逻辑的。

中国人普遍有“无商不奸”的传统观念——到底有多普遍也很难说，例如我就不持此种观念，而有些热爱“影响因子”的人士，看来却恰恰持有这种观念，所以他们一看到有人谈论“影响因子”的商业性质，就会认为“影响因子”的“清誉”受到了诋毁，或认为谈论者有诋毁影响因子“清誉”的企图，于是义愤磅礴而出。

然而，最近爆出的“影响因子”业务被汤森路透转卖的新闻，难道不是成百倍地伤害了那些“影响因子”崇拜者的感情吗？要知道，这已经是这项业务第三次被转卖了！一个被他们在精神上顶礼膜拜的东西，竟这样被人卖来卖去，真是情何以堪啊！

在SCI和“影响因子”这个游戏中，它的合理性及公正性，与它的商业性质之间，虽然并无表面上的必然联系，但确确实实有着内在的联系。理性的态度，当然不是愤然质问它商业性质的揭示者“商业化就必然不公正吗”？而应该先抛弃成见，先压抑一下对它顶礼膜拜的情怀，就事论事，考察它的规则到底公不公正，并进而认真思考到底什么是公正，而这正是我在这段学术江湖故事中想逐步告诉读者的。

二、不被人们注意的科学外史

周武王在伐纣时见过哈雷彗星吗?

“武王伐纣，彗星出而授殷人其柄”

武王伐纣是中国历史上第一场留下了较多史料和理论建构的“革命”——这个词汇的本意是“改变天命”，我们今天仍在使用的词汇如“改革”“革新”“革除”中的“革”字，都还是类似意义。儒家虽然有“汤武革命”之说，但成汤灭夏桀只有简单记载且缺乏理论建构，非武王伐纣可比。

理论建构的要点，就是论证“天命归我”。但“天命”如何得知呢?那就需要观察天象了，所以武王伐纣这样一场“革命”，留下了16条与天象有关的记载。这些记载有真有伪，有些可以用现代天文学方法回推检验，但都可视为周人及后人为伐纣进行理论建构的一部分。

《淮南子·兵略训》载:“武王伐纣……彗星出而授殷人其柄”。按后世流传的星占学理论来看，这是一个不利于周武王军事行动的天象，因为“时有彗星，柄在东方，可以扫西人也”。就是说，周武王的军队在向东进发时，在天空见到一颗彗星，它像一把扫帚，帚柄在他们要进攻的殷人那一边（东边）。但是对于天文学家来说，这条记载给出了彗头彗尾的方向，不失为一个宝贵信息。毕竟，古人记载天象是“搞迷信”用的，不是给现代天文学家当观测资料用的，所以一点一滴的信息都很宝贵。

紫金山天文台台长张钰哲，利用当时还很稀罕的TQ-6型电子计算机，计算太阳系大行星对哈雷彗星轨道的摄动，描述哈雷彗星

3000 年的轨道变化趋势。在此基础上，他对中国史籍中可能是哈雷彗星的各项记录进行了分析考证。经过张钰哲的研究，我们现在知道，从秦始皇七年（公元前 240 年）起，下至 1910 年，我国史籍上有连续 29 次哈雷彗星回归的记载；秦始皇七年之前还有 3 次回归记载。当然，记载了哈雷彗星的出现，并不意味着发现了哈雷彗星，因为古代中国人并不知道这 32 次记录的是同一颗彗星，因而实际上也就谈不到哈雷彗星的“回归”。

哈雷彗星

不过，张钰哲发表在《天文学报》1978 年第 1 期上的论文《哈雷彗星的轨道演变的趋势和它的古代历史》中最引人注目的，是他详细探讨的中国史籍中第一次哈雷彗星记载，即公元前 1057 年的那次。它至少引出了一段持续 20 年的学术公案。

天文学家和历史学家的差别

张钰哲在论文中，详细讨论了哈雷彗星公元前 1057 年的回归和前述《淮南子·兵略训》中“武王伐纣……彗星出而授殷人其柄”记载的相关性，最后他得出结论：“假使武王伐纣时所出现的彗星为哈雷彗星，那么武王伐纣之年便是公元前 1057 ～前 1056 年。”

张钰哲这个结论，从科学角度来说是无懈可击的，因为他的前提是“假使武王伐纣时所出现的彗星为哈雷彗星”——也就是说，他并未断定那次出现的彗星是不是哈雷彗星。或者也可以说，张钰哲并未试图回答“周武王见过哈雷彗星吗”这个问题。

但是，到了历史学家那里，情况就出现了变化。例如，历史学家赵光贤在张钰哲论文发表的次年（1979 年），在《历史研究》杂志上撰文介绍了张钰哲的工作，认为“此说有科学依据，远比其他旧说真实可信”。然而，在赵光贤的介绍中，张钰哲的“假使”两字被忽略了，结果文科学者普遍误认为“天文学家张钰哲推算了武王伐纣出现的彗星是哈雷彗星，所以武王伐纣是在公元前 1057 年”。

这里需要注意的是，文科学者通常不会去阅读《天文学报》这样的纯理科杂志，而《历史研究》当然是文科学者普遍会阅读或浏览的，所以赵光贤的文章，使得无意中被变形了的“张钰哲结论”很快在文科学者中广为人知。在此后的 20 年中，尽管中外学者关于武王伐纣的年代仍有种种不同说法，但公元前 1057 年之说，挟天文科学之权威，加上紫金山天文台台长之声望，俨然占有权重最大的地位。一位文科学者的话堪称代表，在和我的私人通信中他写道：“1057 年之说被我们认为是最科学的结论而植入我们的头脑”。

周武王伐纣时没有见过哈雷彗星

转眼到了 1998 年，“夏商周断代工程”开始了。我负责的两个专题中，“武王伐纣时的天象研究”是工程最关键的重点专题之一，因为武王伐纣的年份直接决定了殷周易代的年份，而这个年份一直未能确定，所以古往今来有许多学者热衷于探讨武王伐纣的年代——到我们开始研究这个专题时，前人已经先后提出了 44 种武王伐纣的年份！这些年份分布在大约 100 年的时间跨度中，几乎每两年就有一个。

在这 44 种伐纣年份中，公元前 1057 年当然是最为引人注目的，也是我们首先要深入考察的。

前面说过，后世流传的武王伐纣时天象共有 16 条之多。这些天象记录并非全都可信，而且其中有不少是无法用来推定年份的。我们用电脑——这时个人电脑时代已经来临，我们当时用的是 486 电脑——对这 16 条天象记录进行地毯式的回推计算检验，结果发现只有 7 条可以用来定年。而在这 7 条天象记录中，《淮南子・兵略训》的“武王伐纣……彗星出而授殷人其柄”居然未能入选。

因为只要回到张钰哲 1978 年《天文学报》论文的原初文本，就必须直面张钰哲的“假使”——我们必须解决这个问题：武王伐纣时出现的那颗彗星，到底是不是哈雷彗星？

张钰哲对哈雷彗星轨道演变的结论是可以信任的，所以我们可以相信哈雷彗星在公元前 1057 年确实是回归了；但由于武王伐纣年份本身是待定的，我们必须先对伐纣年份“不持立场”，所以伐纣时出现的那颗彗星是不是哈雷彗星，先不能通过年份来判断。

初看起来，这个问题几乎是无法解决的。但是我团队中的卢仙文博士和钮卫星博士，发挥了青年天文学家的聪明才智，居然找到了解决问题的途径。办法是，对武王伐纣年份所分布的 100 年间哈雷彗星出现的概率进行推算。1999 年，我们在《天文学报》上发表了论文《古代彗星的证认与年代学》，算是了却了这段学术公案。

在天文学上，将回归周期大于 200 年的彗星称为“长周期彗星”，这样的彗星无法为武王伐纣定年，先不考虑。周期小于 200 年但大于 20 年的彗星，称为哈雷型彗星，这样的彗星在我们太阳系中已知共有 23 颗（哈雷彗星当然也包括在内）。利用 1701 ～ 1900 年的彗星表，可以发现在此期间，有彗尾的彗星共出现 80 次（“彗星出而授殷人其柄”表明这颗彗星是有彗尾的），其中哈雷型彗星的占比是 6%。如果将彗星星等限制到 3 等（考虑到过于暗淡的彗星肉眼难以发现），这个占比就下降到 4%。由于以目前的理论而言，可以认为近 4000 年间太阳系彗星出现的数量是均匀的，因此可以认为上述比例同样适合于武王伐纣的争议年代。

目前已知的23颗哈雷型彗星中，有6颗的周期大于100年，这意味着，在公元前1100～前1000年间，至少会有其中的17颗出现，其中某颗是哈雷彗星的概率已小于1/17；再与前面统计所得哈雷型彗星的占比4%～6%相乘，就降到了0.24%～0.35%以下，或者说武王伐纣时的彗星为哈雷彗星的概率约为0.3%——考虑到任何周期长于100年的彗星也都可能出现在这100年中，这个概率实际上还要更小。

而当我们从另外的7条天象记录得出武王伐纣之年是公元前1044年的结论之后，则哈雷彗星既然出现在公元前1057年，就反过来排除了武王伐纣时所见彗星为哈雷彗星的可能性。所以结论是，周武王伐纣时没有见过哈雷彗星。

孔子诞辰：公元前552年10月9日

孔子的生年，历来就有问题。唐代司马贞《史记索隐》在《史记·孔子世家》中记载孔子逝世处就感叹说："《经》、《传》生年不定，致使孔子寿数不明。"可见这一问题由来已久。21世纪已经出现了几种不同的孔子诞辰，各持一端，在年、月、日上皆有异说，使得各处的纪念活动无法一致。其实只要引入天文学方法，就可以明确解决这一重要的历史年代学问题。

比较流行的孔子生年，是依据《史记·孔子世家》中"鲁襄公二十二年而孔子生"得出，鲁襄公二十二年即公元前551年。但此说有两个问题。

一是与《史记·孔子世家》下文叙述孔子卒年时，说"孔子年七十三，以鲁哀公十六年四月己丑卒"不合。因为鲁哀公十六年即公元前479年，551-479 = 72岁。这只能用"虚岁"之类的说法勉强解释过去。

二是没有孔子出生的月、日记载。这就是说，仅仅依靠《史记·孔子世家》，无法为今天的孔子纪念活动提供任何具体日期。

另一种说法的文献依据是《春秋公羊传》和《春秋谷梁传》。先看原始文献。

《春秋公羊传》："（襄公）二十有一年……九月庚戌朔，日有食之。冬十月庚辰朔，日有食之。……十有一月，庚子，孔子生。"

《春秋谷梁传》："（襄公）二十有一年……九月庚戌朔，日有食之。冬十月庚辰朔，日有食之。……庚子，孔子生。"

这里两者都明确记载孔子出生于鲁襄公二十一年，即公元前552年；又都明确记载了孔子出生日的纪日干支——庚子。所不同者，一为十一月，一为十月。

我们可以先从文献本身的自洽程度，来判断《春秋公羊传》和《春秋谷梁传》两者中的记载谁更可信。从纪日干支的简单排算就可知：九月庚戌朔，接着十月庚辰朔，接下去二十天后是庚子，则此庚子只能出现在十月，整个十一月中根本没有“庚子”的干支，可见《春秋公羊传》的记载自相矛盾。因此，显然应以《春秋谷梁传》的记载作为出发点——即孔子出生于鲁襄公二十一年（按照《春秋》所用历法的）十月庚子这一天。

接下来要确定十月庚子这一天是公历的几月几日。这没有像确定鲁襄公二十一年是公历哪一年那么简单。首先，这里牵涉到春秋时代的历法，其中月份是怎么安排的——简单地说，就是那时历法中的正月相当于现今夏历的几月，而这一点目前尚无定论（先前某些孔子诞辰有误即与此有关）。为了绕开这一尚无定论的问题，而将结论唯一确定下来，我们就不得不求助于天文学。

非常幸运的是，《春秋公羊传》和《春秋谷梁传》在孔子出生这一年中都记载了日食，这是我们解决问题的天文学依据。日食是非常罕见的天象，同时又是可以精确回推计算的天象。《春秋》242 年中，共记录日食 37 次，用现代天体力学方法回推验证，其中大部分皆真实无误。经推算，公元前 552 年，即鲁襄公二十一年这年中，在曲阜确实可以见到一次食分达到 0.77 的大食分日偏食，而且出现此次日食的这一天，纪日干支恰为庚戌，这就与“九月庚戌朔，日有食之”的记载完全吻合。而在次年，即鲁襄公二十二年，没有任何日食。

为了确定这次庚戌日食的日期，我们采用不考虑月份的计时坐标，即天文学上常用的“儒略日”，这是一种以“日”为单位，单向积累的计时系统——中国古代连续不断的纪日干支系统实际上与“儒略日”异曲同工。公元前 552 年发生曲阜可见日食的那个庚戌日，对应的儒略日为 1520037。而儒略日与公历的对应是早已明确解决了的，与 1520037 对应的是公元前 552 年 8 月 20 日。

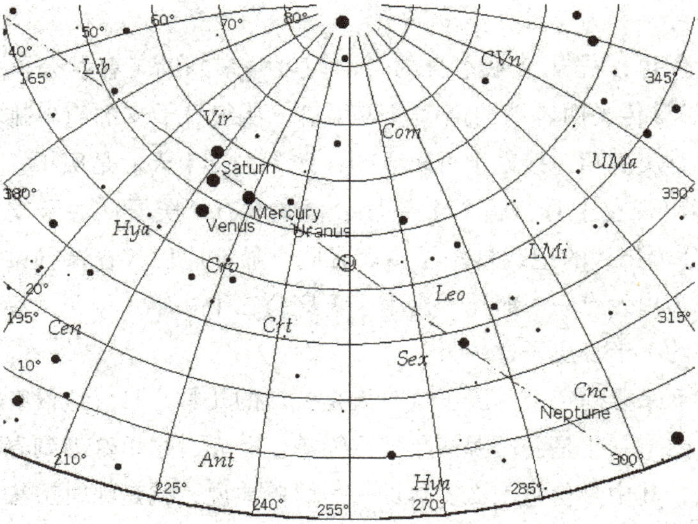

公元前 552 年 8 月 20 日日食天象图

至此，我们已经获得了一个确切无疑的、同时又与《春秋》历法无关的立足点：即公元前 552 年 8 月 20 日，对应于鲁襄公二十一年九月庚戌朔日。接下去的工作就只需根据干支顺序作简单排算即可，结果见表 1。

表 1　根据干支顺序排算结果

儒略日	史籍记载历日	天象与事件	公历日期（公元前）
1520037	襄二十一年九月庚戌朔	日食	552 年 8 月 20 日
1520067	襄二十一年十月庚辰朔	日食（实际未发生）	552 年 9 月 19 日
1520087	襄二十一年十月庚子	孔子诞生	552 年 10 月 9 日
1546536	哀十六年四月己丑	孔子去世	479 年 3 月 9 日

所以结论是：

孔子于公元前 552 年 10 月 9 日诞生，公元前 479 年 3 月 9 日逝世。

注意这个结果方才与《史记·孔子世家》中“孔子年七十三”的记载确切吻合。

先前有不少论者，在孔子诞辰问题上，定年依据《史记·孔子世家》说，定月日却又依据《春秋谷梁传》说，而此两说在生年上明明是相互矛盾的。不先辨别哪一种史料更可信，以决定取舍，却在两种相互矛盾的记载中“各取所需”，从逻辑上是说不通的。这样做无法保证立论的自洽。

根据上述结论，邮电部在 1989 年发行“孔子诞辰 2540 周年”纪念邮票，在年份上并无差错，因为 1989 +（552 − 1）＝2540 年（没有公元 0 年，故减 1），只是日期上稍有出入而已。同样道理，1999 年就是孔子诞辰 2550 周年，具体纪念活动的日期，则应确定为 10 月 9 日。

天狼星颜色之谜：用中国古籍解除恒星演化理论的困扰

天狼星（Sirius，即CMa——大犬座星）是全天最亮的恒星，呈耀眼的白色。它还是目视双星，其中B星又是最早被确认的白矮星。但自从现代天体演化理论确立之后，这一非常成功的理论，却因西方古代对天狼星颜色的某些记载而被困扰了百余年。

在古代西方文献中，天狼星常被描述为红色。学者们在古巴比伦楔形文泥版书中、在古希腊、古罗马时代托勒密（Ptolemy）、塞涅卡（L.A.Seneca）、西塞罗（M.T.Cicero）、贺拉斯（Q.H.Haccus）等著名人物的著作中，都曾找到这类描述。

按现行恒星演化理论，及现今对天狼双星的了解，其A星正位于主星序上，根本不可能在一两千年的时间尺度上改变颜色。

考虑到恒星在演化为白矮星之前会经历红巨星阶段，若认为天狼B星曾经有盛大的红光掩盖了A星，似乎有希望解释古代西方关于天狼星呈红色的记载。然而按现行恒星演化理论，从红巨星演化为白矮星，即使考虑极端情况，所需时间也必然远远大于1500年，故古代西方的记载始终无法在现行恒星演化理论中得到圆满解释。

1985年W.Sehlosser和W.Bergnmma又旧话重提，他们宣布在一部中世纪早期手稿中，发现了图尔的主教格里高利（Gregory）写于公元6世纪的作品，其中提到的一颗红色星可确认为天狼星，因而断定天狼星直到公元6世纪末仍呈红色，此后才变白。由此引发对天狼星颜色问题新一轮的争论和关注。

于是天文学家只能面临如下选择：或者对现行恒星演化理论提出

怀疑，或者否定天狼星在古代呈红色的说法。

其实，西方对天狼星颜色的古代记述并非完全无懈可击：塞涅卡、西塞罗、贺拉斯等人，或为哲学家，或为政论家，或为诗人，他们的天文学造诣很难获得证实；托勒密虽为大天文学家，但其说在许多具体环节上仍不无提出疑问的余地（例如他说的那颗红色星是不是天狼星）。至于格里高利所记述的红色星，不少人认为其实是大角（Arcturus，Boo）——该星正是明亮的红巨星。

而另一方面，古代中国的天文学——星占学文献之丰富，以及天象记录之系统细致，是众所周知的。因此，我感到有必要转而向早期中国古籍中寻求证据。我曾先后花了数年时间，尝试在浩如烟海的中国古籍中寻找能够解决天狼星颜色问题的史料。最后出乎意料，竟在星占学文献中找到了决定性的证据。

古代中国星占文献中所提到的恒星和行星颜色，几乎毫无例外都是着眼于这些颜色的星占学意义。中国古代有“五行”之说，渗透到诸多领域，“五行”学说在星占学中的应用之一，就是用“五行”以配星之五色。而众星既有五色，就需要有指定某些著名恒星作为五色的标准星。因此，星占文献中所涉及的恒星颜色，只有对这些标准星本身颜色的记载，才是真正可靠的。

这种关于标准星颜色的记载数量很少，现今所见最早记述出自司马迁笔下，《史记·天官书》中谈论金星颜色时，给出五色标准星如下：

> 白比狼，赤比心，黄比参左肩，苍比参右肩，黑比奎大星。

上述五颗恒星依次为：天狼星、心宿二（Sco）、参宿四（Ori）、参宿五（Ori）、奎宿九（And）。

司马迁对五颗恒星颜色记述的可靠性，可由下述事实得到证明：五颗星中，除天狼星因本身尚待考察、暂置不论外，对其余四星颜色的记载都属可信。心宿二，光谱为 M1 型，确为红色；参宿五，B2 型，呈青色（即苍）；参宿四，今为红色超巨星，但学者们已证明它在两千年前呈黄色，按现行恒星演化理论是完全可能的。最后的奎宿九，Mo 型，呈暗红色，但古人将它定义为黑也有道理——因与五行相配的五色有固定模式，必定是青、红、黑、白、黄，故其中必须有黑；而若真正为"黑"，那就会看不见而无从比照，故必须变通。

这里还有一个可以庆幸之处：古人既以五行五色为固定模式，必然会对上述五色之外的中间状态进行近似或变通，硬归入五色中去，则他们谈论这些星的颜色时难免不准确；然而在天狼星颜色问题中，恰好是红、白之争，两者都在上述五色模式中，故可不必担心近似或变通问题。这也进一步保证了利用古代中国文献解决天狼星颜色问题时的可靠。

表 1 是中国早期文献（不必考虑公元 7 世纪之后的史料）中仅见的四项天狼星颜色可信记载的原文、出处、作者和年代一览。

表 1　古籍中四项对天狼星颜色之可信记载

原文	出处	作者	年代
白比狼	《史记·天官书》	司马迁	公元前 100 年
白比狼	《汉书·天文志》	班固等	公元 100 年
白比狼星、织女星	《荆州占》	刘表	公元 200 年
白比狼星	《晋书·天文志》	李淳风	公元 646 年

以上四项记载的可靠性，都经过了详细考证。至此已可确知：在古代中国文献的可信记载中，天狼星始终是白色的。不仅没有红色之说，而且千百年来一直将天狼星视为白色标准星。这在早期文献中是如此，此后更无改变。因此可以说，现行恒星演化理论从此不会再因天狼星颜色问题而受到任何威胁了。

我的发现在 1992 年的《天文学报》上发表之后，次年即在英国刊物上出现了英文全译本，天文学史泰斗席泽宗院士评论说："文仅五千字，却解决了困惑着西方天体物理学家百余年的天狼星颜色问题，是我国天文学史古为今用的传统研究方向上又取得的一项重要成果。"

这也算是我为天体物理这个我念了四年的专业所做的唯一贡献。

私人天文台之前世今生

官营传统和私人传统

中国古代是没有私人天文台的，因为中国非但没有这个传统，而且几千年来“私习天文”都是要治罪的，所以只有官营传统。现代意义上的天文台——这里指的是天文学家从事作为科学探索活动的天文观测场所——在中国古代本来是不存在的（无论官营还是私人的），不过如果只从“在台上有人观测天象”这个意义着眼，我们也可以将古代的“灵台”视为天文台的前身。

《诗经·大雅》有《灵台》一诗，歌咏周文王动用人海战术快速建起了灵台。不过孔颖达注疏时，引用公羊说，一则曰“非天子不得作灵台”，再则曰“诸侯卑，不得观天文，无灵台”，如果我们注意到当时姬昌还只是诸侯身份（“文王”是他儿子武王伐纣获胜改朝换代之后追封的名号），就不难意识到孔颖达实际上是在向读者指出：周文王建造灵台是一件“违法乱纪”的事情。

事实上，这些法纪都是后世儒家逐渐建构起来的。自从汉代独尊儒术之后，“私习天文”一直是历朝历代反复重申的重罪，灵台也始终只限皇家才能拥有。直到明朝晚期才放宽了对“私习天文”的限制，清代承之，民间才开始出现公开的天文学活动。尽管康熙曾对民间天文学家梅文鼎表示过很高的礼遇，但整个清代仍然没有出现过任何一个私人天文台。与梅文鼎齐名的民间天文学家王锡阐，为了观测天象，也只能夜间爬上自己的屋顶看看，充其量也就是摆弄个把简陋的小型仪器而已。

说来有趣，中国至今仍然保持着官营天文台的传统。中国现有三大天文台（位于北京的国家天文台、位于南京的紫金山天文台、位于上海的上海天文台），都是由中国科学院直接管辖的“中央直属机关”，而非地方政府所属。此外，分布在中国各地的天文台，绝大部分是上述三大天文台的下辖机构。其余零星的小天文台，基本上有其名而无其实，其中相对比较像样的是南京大学天文系的教学天文台，然而南京大学本身就是教育部直属高校——仍然是“中央直属机关”。

与中国的情形形成鲜明对照，在古希腊，以及在科学史上属于希腊直系后裔的欧洲，却长期保持着私人天文台的传统。公元前2世纪希帕恰斯在罗得岛上的私人天文台，或许可以视为这一传统的最早证据。

近现代最著名的三座私人天文台

说到西方的私人天文台，近现代天文学史上有三座特别著名的，值得在这里谈一谈。这三座私人天文台不仅都已青史留名，我们还可以从中略窥私人天文台到底可以在天文学上有些什么作为。

第一座是17世纪但泽（即今波兰格但斯克）富商海维留斯（J. Hevelius，1611—1687）的。他的观测台横亘在三幢相连的房屋顶上，上面安装了多种大型观测仪器。这座天文台被认为是当时欧洲最优秀的天文台——16世纪第谷（Tycho）在丹麦汶岛上的天文台当然规模和建筑都远远过之，但一者那是“皇家”的天文台，二者第谷死后早已人去楼空，三者第谷的天文台上还没有望远镜。

关于海维留斯的天文台，至少有两幅非常著名的图流传后世。一幅是他和他的第二任妻子伊丽莎白一起用“纪限仪”夜观天象，另一幅是他天文台上那架著名的悬吊式长焦距折射望远镜。前一幅图是如此著名，以致被《剑桥插图天文学史》选作内封的封面图案，图中的那架“纪限仪”正是第谷发明的仪器，用来直接测量任意两个天体之间的角距。海维留斯那架悬吊式长焦距折射望远镜，则是在望远镜发展史上有一席之地的“名镜”。尽管海维留斯对于在天体测量中使用望远镜抱有偏见（他一直拒绝将望远镜装置在测量仪器上，只使用望远镜观测天体表面），但他仍被认为是那个时代最重要的天文观测者之一。不幸的是，他的天文台在1679年毁于大火。

海维留斯和他的第二任妻子伊丽莎白用“纪限仪”夜观天象

欧洲第二座著名私人天文台的出现，已经是两百年后了。1882年，法国的弗拉马利翁（C. Flammarion）建立了他的私人天文台。弗拉马利翁是当时著名的科学作家，他的三卷本《大众天文学》（*Astronomie populaire*）即使在中国也脍炙人口，更不用说在法国了。弗氏还发起成立法国天文学会，自任首任会长，他又主编《法国天文学会会刊》，又自办《天文学》（*Astronomie*）杂志，当真是活力四射。仿佛冥冥中追踪前贤海维留斯的脚步，弗氏的第二任妻子也是一位女天文学家。

弗氏在他的天文台上进行了大量当时红极一时的火星观测——当时许多人相信火星上有高等文明所开掘的“运河”。弗氏在他办的《天文学》杂志上著文宣称，他的天文台观测到了火星上有六十余条“运河”和不下二十条的“双运河”，并表示“我完全确信我所观测到的”。1892年，弗氏出版了他的《火星和它适宜居住的环境》第一卷。他对此事的兴趣长期持续，1909年又出版了此书的第二卷。

对火星的观测热潮又从欧洲席卷到北美大陆，财大气粗的美国暴发户们理应能够支持一座私人天文台，这样的天文台果然很快就出现了。1894年，洛韦尔（P. Lowell）凭借家族的雄厚财力，在亚利桑那的旗杆镇建立了他的私人天文台，并自任台长，全力投入火星观测的热潮中。洛韦尔还在杂志上高调发表《建台宣言》，其中宣称：他的天文台的主要目标是研究我们的太阳系，但他又表示他还有更大的抱负，因为他坚信“我们所居住的这颗太空海洋中的小星球，不会是宇宙中拥有智慧生命的唯一运载工具”。

尽管专业天文学家有点看不上洛韦尔，他《建台宣言》中的一些说法受到批评，但这丝毫没有打击这位超级“民科”的勇气和信心，他第二年就出版了专著《火星》（*Mars*），主张火星上有大气，有云，有水，很可能有高级智慧生物。令专业天文学家非常恼火的是，《火星》一出版就成了科学畅销书，他们那些有时尖酸刻薄的批评完全阻挡不了洛韦尔的声名远播。洛韦尔再接再厉，1906年又出版《火星和它的运河》（*Mars and Its Canal*s），1908年再出版《作为生命居所的火星》（*Mars as the Abode of Life*）。

虽然洛韦尔的许多结论后来都被证明是错的，但《剑桥插图天文学史》仍然不得不承认“他的工作有深远影响”。我还认为洛韦尔天文台的其他一些工作导致了冥王星的发现，而且对20世纪的观测宇宙学也有重要贡献。洛韦尔最终还是青史留名了。

今天，拥有一座私人天文台可能吗?

中国自古缺乏私人天文台的传统和土壤，我虽然是学天体物理专业出身，也有一架相当专业的小望远镜，但在写这篇文章之前，从来没有对私人天文台问题产生过兴趣。不过现在从网上初步得到的信息来看，国内已经有人真的开始考虑这个问题了。这里姑以我个人见闻所及，提供一点初步意见。

20 世纪 90 年代我去韩国访问，曾受邀到汉城大学天文系主任罗逸星——真是个注定要当天文系主任的名字——教授家中做客，他家中就有一座小型私人天文台。因为是白天去的，对它的夜间观测环境难以判断，估计不会太好，因为现代大都市周边的光污染通常都难以避免。台上最主要的设备是一架相当大的专业望远镜，记忆中好像是 40 厘米口径，当然也配备有转仪钟等辅助设备。考虑到中国此后经历了近二十年的高速经济增长，今天如欲建设罗教授家中那样的小型私人天文台，对相当一部分中国人来说，钱已经不是问题，关键要看他对天文学热爱到什么程度了。

《极简宇宙史》：文学之碗中的科学鸡汤

自打“心灵鸡汤”泛滥之后，“鸡汤”已成贬义之词。不过作为食品，鸡汤毕竟味道尚可，好歹也有一点营养，有时还是可以喝两口的。

这本《极简宇宙史》（*The Universe in Your Hand*），作者是法国人克里斯托弗·加尔法德（Christophe Calfard），据说是史蒂芬·霍金的亲传弟子。他原本似乎是想把这本书写成法式“心灵鸡汤”的，而且还有点想追求“出蓝”境界，从他老师霍金的《时间简史》再进到“极简”境界。无奈他选了宇宙为题，而宇宙本是无情之物，不太适合熬制“鸡汤”的，所以最后弄成了一味法式的“科学鸡汤”。

不过这味科学鸡汤，又被别出心裁地盛放在一只文学之碗中，这想必是为了让外表看上去更为赏心悦目。关于这只文学之碗，让我们先看两个例子。

本书共分44章，因为每章通常都只有短短几页，所以实际上就是44小节。我先在本书目录中选择从字面上看起来最“科学”的两章，看看文学之碗是何光景。

先看“大爆炸的铁证”这一章中的段落：

> 你回到了热带小岛的沙滩上。
>
> 夜已很深，但你没有仰望星辰，你小心谨慎地再次确认沙滩上只有你一个人后，开始自言自语，边说边想，在大脑里创建宇宙过去的画面……
>
> 海洋上吹过一阵微风。月正圆，它圆形的表面反射着阳光，给你的小岛罩上了一层银光和暗影。几只海龟从海里小心翼翼地

爬上岸，在沙滩度过它们的夜晚。如果时机恰好的话，或许还会下蛋。

你感觉很妙。

……

再看“一个关于弦的理论”这一章：

星星们还在头上闪烁。

温柔的海风给你送来阵阵奇异的花香。

你的朋友们围绕在你身边。

他们微笑着。

“他醒过来了！”有人说道，“给他倒杯酒！”

你坐了起来，疑惑不解。

酒送到你的手边。

……

我想告诉你的是，本书中文版总共28万字，但书中类似上面这种调调的段落，至少占了三分之一篇幅，你经常会看到整段整段毫无科学内容的文字。剩下的篇幅才有可能用来讲述整个宇宙的前世今生——难怪要称为“极简宇宙史”了。

霍金的《时间简史》，中文版共17万字，但霍金在这17万字中，那是踏踏实实进行科普工作的，每个段落，每个字，都用在了讲解科学内容上。像他这位法国“出蓝”弟子上面那种调调的段落，那是一段也找不到的。

《极简宇宙史》中文版的腰封上，印着这样两行字：

将妙趣横生的宇宙　重归于简洁和诗意

霍金亲传弟子写给看不懂《时间简史》的你

宇宙到底是不是“妙趣横生”，当然是难有定论的，这取决于你的审美观。比如在我看来宇宙就是索然无味的。而本书的法式“简洁与诗意”，与我们中国读者通常习惯的“科普”又是格格不入的。

中国公众习惯的“科普”，至少有一点和《时间简史》是高度一致的，那就是将全部或至少绝大部分篇幅用在对科学内容的介绍和阐述上，而不是将大量篇幅用在文学性的“为赋新诗强说愁”式的无病呻吟上。

这味科学鸡汤一旦放入该书的文学之碗中，那些指望在该书中获得科学知识的读者就平添了一个任务——他必须将自己希望获得的科学知识从书中无处不在的文学性无病呻吟中辨别出来，拣选出来。对本来就缺乏科学知识的读者来说，这样的任务实际上是一个 Mission Impossible（不可能完成的任务）。所以我敢肯定，对于“看不懂《时间简史》的你”来说，在领略了半天弥漫于本书中的“诗意”之后，关于宇宙，你仍然不会懂。

该书的译者董文煦，在书后附了一篇“译后记”。这篇“译后记”当真妙趣横生，和常见的“译后记”不同，董文煦作为该书的译者，却对于该书的价值闪烁其词——他甚至说出了“如果错过这本书绝对不会对你的生活和事业带来任何不利影响”这样的话！在老实巴交的中国读者看来，这句话不是几乎就等于说“该书毫无价值”吗？

那么这本《极简宇宙史》到底还有没有价值呢？我觉得还是有一些的，让我们尝试心平气和地来寻找它的价值。

首先，让我们从“创新”的角度来考虑。我认为，“科学鸡汤”在“鸡汤”家族中，应该说还是新品种。该书作者向读者展示了这样一种努力：科学也可以用来熬心灵鸡汤。这至少对于广义的“科普”而言，还是不无借鉴意义的。

其次，作者试图对“宇宙”这样的科学论题，进行文学性的咏叹和吟唱，这也未尝不值得肯定。多年前我就主张“开发科学的娱乐功能”，该书恰恰可以视为这种开发努力中的一次新尝试。其实这种尝试在西方早已有人实践过，比如在某些与“宇宙”主题有关的纪录片中就是如此。相信在书籍中该书也并非首次。

再次，该书如果作为科普读物，虽然可能不成功或不合格，但如果我们放开眼界，采取更为宽容的立场，将它视为一种大众时尚读物，就不会有问题了。该书也许还能得到某些文学青年的欢心。该书封底的“上架建议”是“社科综合·大众读物”，这表明出版社（上海三联书店）对该书性质的把握还是相当准确的。

最后，对于该书中涉及的那些“极简”的宇宙科学知识，我还要说一句公道话：它们大体上是正确的。可惜因为行文中“诗意”弥漫过甚，它们实际上很可能难以清晰、准确地传达给读者。

梁武帝：一个懂天学的帝王的奇异人生

在中国历史上，懂天学且有史料证据的帝王，据我所知仅二人而已，一是清康熙帝，二是梁朝开国之君梁武帝萧衍。二人之学又有不同，康熙从欧洲耶稣会士那里学的基本上是今天被称为“天文学”的知识，而梁武帝所懂的才是“正宗”的中国传统天学——天文星占之学。

梁武帝萧衍（公元464—549年）

奇特的《梁书·武帝纪》

在历代官吏的帝王传记中，《梁书·武帝纪》几乎是绝无仅有的一篇——星占学色彩极为浓厚。其中结合史事，记载天象凡 14 种 57 次。官史其他帝纪中，不但南朝诸帝，即使上至两汉，下迄隋唐，皆未有记载如此之多天象者。这些天象中最引人注目的是“老人星见”，竟出现了 34 次。

老人星即船底座 α，为南天 0 等亮星。公元 530 年时其坐标为：赤经 87.90°，赤纬 −52.43°，黄经 84.70°，黄纬 −76.02°——这不是一颗北半球常年可见的恒星。史臣在《梁书·武帝纪》中反复记载“老人星见”，寓意只能从中国传统星占理论中索解。《开元占经》卷六十八“石氏外官·老人星占二十九”述老人星之星占意义极为详备，最典型的如：“王政和平，则老人星临其国，万民寿。”在中国传统星占学体系中，“老人星见”是很少几种安详和平的吉庆天象之一。

《梁书·武帝纪》中的天象记录，从梁武帝即位第四年开始，至他困死台城而止。在他统治比较稳定且能维持表面上的歌舞升平之时，“老人星见”的记录不断出现。而他接纳侯景的太清元年——公元 547 年，是为梁朝战乱破亡之始，出现的天象记录却是“白虹贯日”；此后更是只有“太白昼见”和“荧惑守心”，皆大凶之象。可见这是一篇严格按照中国古代星占学理论精心结撰的传记。

史臣为何要为梁武帝作如此一篇奇特传记呢？

对印度佛教天学的极度痴迷

梁武帝在位 48 年，绝大部分时间可算“海晏河清”，梁朝虽偏安江左，但仍能在相当程度上以华夏文化正统的继承者自居。大约在普通六年（公元 525 年）前后，梁武帝忽发奇想，在长春殿召集群臣开“学术研讨会”，主题居然是讨论宇宙模型！这在历代帝王中也可算绝无仅有之事。

这个御前学术研讨会，并无各抒己见自由研讨的氛围，《隋书·天文志》说梁武帝是“盖立新意，以排浑天之论而已”，实际上是梁武帝个人学术观点的发布会。他一上来就用一大段夸张的铺陈将别的宇宙学说全然否定：“自古以来谈天者多矣，皆是不识天象，各随意造。家执所说，人著异见，非直毫厘之差，盖实千里之谬。”这番发言的记录保存在唐代《开元占经》卷一中。此时“浑天说”早已在中国被绝大多数天学家接受，梁武帝并无任何证据就断然将它否定，若非挟帝王之尊，实在难以服人。而梁武帝自己所主张的宇宙模型，则是中土传统天学难以想象的：

> 四大海之外，有金刚山，一名铁围山。金刚山北又有黑山，日月循山而转，周回四面，一昼一夜，围绕环匝。于南则现，在北则隐；冬则阳降而下，夏则阳升而高；高则日长，下则日短。寒暑昏明，皆由此作。

梁武帝此说，实有所本——正是古代印度宇宙模式之见于佛经中者。现代学者相信，这种宇宙学说还可以追溯到古代印度教的圣典《往世书》，而《往世书》中的宇宙学说又可以追溯到约公元前1000年的吠陀时代。

召开一个御前“学术观点发布会”，梁武帝认为还远远不够，他的第二个重要举措是为这个印度宇宙在尘世建造一个模型——同泰寺。同泰寺现已不存，但遥想在杜牧诗句“南朝四百八十寺”中，必是极为引人注目的。关于同泰寺的详细记载见《建康实录》卷十七“高祖武皇帝”，其中说“东南有璇玑殿，殿外积石种树为山，有盖天仪，激水随滴而转”。以前学者大多关注梁武帝在此寺舍身一事，但日本学者山田庆儿曾指出，同泰寺之建构，实为模拟佛教宇宙。

“盖天仪”之名，在中国传统天学仪器中从未见过。但“盖天”是《周髀算经》中盖天说的专有名词，《隋书·天文志》说梁武帝长春殿讲义“全同《周髀》之文”，前人颇感疑惑。我多年前曾著文考证，证明《周髀算经》中的宇宙模型很可能正是来自印度。故

“盖天仪”当是印度佛教宇宙之演示仪器。事实上，整个同泰寺就是一个充满象征意义的“盖天仪”，是梁武帝供奉在佛前的一个巨型礼物。

梁武帝在同泰寺“舍身”（将自己献给该寺，等于在该寺出家）不止一次，当时帝王舍身佛寺，并非梁武帝所独有，稍后陈武帝、陈后主等皆曾舍身佛寺。这看来更像是某种象征性的仪式，非“敝屣万乘”之谓。也有人说是梁武帝变相给同泰寺送钱，因为每次“舍身”后都由群臣“赎回”。

梁武帝又极力推行漏刻制度的改革，将中国传统的每昼夜分为百刻改为96刻。初看这只是技术问题，且96刻也有合理之处，但实际原因却是梁武帝极度倾慕佛教中所说佛国君王的作息时间，自己身体力行，还要全国臣民从之。梁朝之后，各朝又恢复了百刻制。直到明末清初，西洋民用计时制度传入中国，一昼夜为24小时，与中国的十二时辰制度也相匹配，于是梁武帝的96刻制又被启用。到今天，一小时4刻，一昼夜恰为96刻，亦可谓梁武旧制了。

成也天学，败也天学

古代中国传统政治观念中，天学与王权密不可分——天学是与上天沟通、秉承天命、窥知天意最重要的手段；而能与上天沟通者才具有为王的资格。

萧衍本人通晓天学，《梁书·武帝纪》说他“阴阳纬候，卜筮占决，并悉称善”。《梁书·张弘策传》记萧衍早年酒后向张弘策透露自己夺取齐朝政权的野心，就是先讲了一通星占，结果张弘策当场向他表示效忠，后来果然成为梁朝开国元勋。萧衍在进行起兵动员时，自比周武王，也以星占说事：“今太白出西方，仗义而动，天时人谋，有何不利？”在中国古代星占理论中，金星（太白）总是与用兵有密切关系，如《汉书·天文志》有“太白经天，天下革，民更王”之说。故萧衍之言，从星占学角度来说是相当“专业”的。

东昏侯被废，萧衍位极人臣，接下来就要接受“禅让”了。搞这一出也要用天文星占说事，但这时要让别人来说了，“齐百官、豫章王元琳等八百一十九人，及梁台侍中臣云等一百一十七人，并上表劝进”，萧衍还假意谦让。最后“太史令蒋道秀陈天文符谶六十四条，事并明著”，萧衍才接受了，即位为梁武帝。不过他在《净业赋·序》中却说：“独夫既除，苍生苏息。便欲归志园林，任情草泽。下逼民心，上畏天命，事不获已，遂膺大宝。”仍然极力撇清自己。

梁朝承平四十余年，最后出了侯景之乱，华夏衣冠，江左风流，在战乱中化为灰烬。此事梁武帝难辞其咎。侯景原是东魏大将，领有黄河以南之地，不见容于魏主高澄，遂向梁投降。梁武帝因自己梦见“中原牧守皆以其地来降”，他相信自己“若梦必实”，群臣也阿谀说这是“宇宙混一之兆”，就接纳了侯景。解梦在古代也是星占之学的一部分，即所谓“占梦”，故梁武帝的决策仍有星占学依据。

不料侯景乘机向梁朝进军，颠覆了萧梁政权。梁武帝当年改朝换代，雄姿英发，那时他更多的只是利用天学；但在决策接纳侯景时，他似乎真的相信那些神秘主义学说了，这让他一世英名毁于一旦，最终竟饿死在台城。

上帝和外星人：霍金用老生常谈也能做出新贡献

老生常谈也轰动

霍金最近发表了——也可能是他授权发表，甚至可能是“被发表”——相当多听起来有点耸人听闻的言论，引起了媒体的极大兴趣。而媒体的兴趣当然就会接着引发公众的兴趣。要恰当评论他的这些言论，需要注意到某些相关背景。

最重要的一个背景是，霍金已经成为当代社会的一个神话，所以任何以他的名义对外界发表的只言片语，不管是真知灼见，还是老生常谈，都会被媒体披露和报导，并吸引公众相当程度的注意力。而当霍金谈论的某些事物不是公众日常熟悉的事物时，很多人慑于霍金神话般的大名，就会将他的哪怕只是老生常谈也误认为是全新的真知灼见。

霍金最近言论中有两个要点：关于宇宙是不是上帝创造的，关于我们要不要和外星文明交往，恰好都属于这种情形。

但更奇妙的是，霍金确实可以用老生常谈为人类做出新贡献。

上帝是可有可无的

在第一个问题上，霍金最近宣称：我们人类，以及整个宇宙，都可以是自发创生的，“不必祈求上帝去点燃导火索使宇宙运行”，而据说他先前是相信上帝创造宇宙之说的。

科学家认为不需要上帝来创造宇宙，这听起来当然很“唯物主义”；但是确实有许多科学家相信上帝的存在，相信上帝创造了宇宙或推动了宇宙的运行，他们也同样做出了伟大的科学贡献——牛顿就是典型的例子。“上帝去点燃导火索使宇宙运行”其实就是以前牛顿所说的“第一推动”。

这种状况对于大部分西方科学家来说，并不会造成困扰。因为在具体的科学研究过程中，科学家研究的对象是已经存在着的宇宙（自然界），研究其中的现象和规律。至于“宇宙从何而来”这个问题，可以被搁置在无限远处。正如伽利略认识到“宇宙这部大书是用数学语言写成的”，但写这书的仍然可以是上帝；伽利略取得了伟大的科学发现，但他本人仍然是一个虔诚的宗教徒，他的两个女儿都当了修女。虽然教会冤枉过伽利略，但最终也给他平反昭雪了。

科学和宗教之间，其实远不像我们以前所想象的那样水火不相容，有时它们的关系还相当融洽。比如在“黑暗的中世纪”（现代的研究表明实际上也没有那么黑暗），教会保存和传播了西方文明中古代希腊科学的火种。在现代西方社会中，一个科学家一周五天在实验室从事科学研究，到星期天去教堂做礼拜，也是很正常的。

霍金自己改变观点，对于霍金本人来说当然是新鲜的事情，但对于“宇宙是不是上帝创造的”这个问题来说，其实是老生常谈。因为他的前后两种观点，都是别人早就反复陈述和讨论过的。霍金只是改变了他的选择——有点像原来是甲球队的拥趸，现在改为当乙球队的粉丝了。当然，一个著名粉丝的“叛变”也会引人注目。

不过，中国公众因为在多年习惯的观念中，总是将科学看作康庄大道，而将宗教信仰视为“泥潭”，所以看到霍金的“叛变”才格外兴奋，以为他终于“改邪归正”了。

不要和陌生人说话

在第二个问题上，霍金最近表示，我们不应主动寻求与外星人联络，因为外星人可能是极度危险的，它们到地球来的目的，很有可能是侵略或掠夺。由于中国公众以前许多年来都只接触到一边倒的观点——讴歌赞美对外星文明的探索，主张积极寻找外星文明并与外星文明联络，所以现在听到霍金的主张，中国的媒体和公众都甚感惊奇。其实在这个问题上，霍金同样只是老生常谈，同样只是“粉丝站队”。

在西方，关于人类要不要去“招惹”外星文明的争论，已有半个世纪以上的历史。

主张与外星文明接触的科学界人士，从20世纪60年代开始，推动了一系列SETI（以无线电搜寻地外文明信息）计划和METI（主动向外星发送地球文明信息）计划。这样做的主要理由，是他们幻想地球人类可以通过与外星文明的接触和交往而获得更快的科技进步。很多年来，在科学主义的话语体系中，中国公众只接触到这种观点。

而反对与外星文明交往的观点，则更为理智冷静，更为深思熟虑，也更以人为本。半个多世纪以来，西方学者在这方面做过大量的分析和思考。比如以写科幻作品著称的科学家大卫·布林（D. Brin）提出猜测说，人类之所以未能发现任何地外文明的踪迹，是因为有一种目前还不为人类所知的危险，让所有其他外星文明都保持沉默——这被称为“大沉默”（Great Silence）。因为人类目前并不清楚，外星文明是否都是仁慈而友好的（卡尔·萨根就曾相信外星文明是仁慈的）。在此情形下，人类向外太空发送信息，暴露自己在太空中的位置，就很有可能招致那些侵略性文明的攻击。

地外文明能到达地球，一般来说它的科学技术和文明形态就会比地球文明更先进，因为我们人类还不能在宇宙中远行，不具备找到另一文明的能力。所以一旦外星文明自己找上门来了，按照我们地球人以往的经验，很可能是凶多吉少。

还有些人认为，外星人的思维不是地球人的思维。它们的文明既然已经很高级了，就不会像地球人那样只知道弱肉强食。但是，我们目前所知的唯一高级文明就是地球人类，我们不从地球人的思维去推论外星人，还能从什么基础出发去推论呢？上面这种建立在虚无缥缈的信念上的推论，完全是一种对人类文明不负责任的态度。

而根据地球人类的经验和思维去推论，星际文明中同样要有对资源的争夺，一个文明如果资源快耗竭了，又有长距离的星际航行能力，当然就要开疆拓土。这个故事就是地球上部落争夺的星际版，道理完全一样。

按我的观点，如果地外文明存在，我们希望它们暂时不要来。我们目前只能推进人类对这方面的幻想和思考。这种幻想和思考对人类是有好处的，至少可以为未来做一点思想上的准备。但是从另一个角度来看，人类完全闭目塞听，拒绝对外太空的任何探索，也不可取，所以人类在这个问题上有点两难。我们的当务之急，只能是先不要主动去招惹任何地外文明，同时过好我们的每一天，尽量将地球文明建设好，以求在未来可能的星际战争中增加幸存下来的概率。

对地外文明的探索，表面上看是一个科学问题，但本质上不是科学问题，而是人类自己的选择问题。我们以前的思维习惯，是只关注探索过程中的科学技术问题，而把根本问题（要不要探索）忽略不管。

在中国，我的研究团队从2008年开始，连续发表论文和文章，论证和表达了同样的观点（比如发表在《中国国家天文》2009年的国际天文年特稿《人类应该在宇宙的黑暗森林中呼喊吗？》)。我们认为，至少在现阶段，实施任何形式的METI计划，对于人类来说肯定都是极度危险的。

现在霍金也加入了反对与外星文明交往的阵营。就我所知，他可能是迄今为止加入这一阵营的最“大牌”的科学家。考虑到霍金的影响力，尽管这不是他的创新，但很可能成为他对人类文明做出的最大贡献。

《大设计》：一个科学之神的晚年站队

霍金在一个根本问题上的站队选择

一个思想家，或者说一个被人们推许为、期望为思想家的人——后面这种情形通常出现在名人身上，到了晚年，往往会有将自己对某些重大问题的思考结果宣示世人、为世人留下精神遗产的冲动。即使他们自己没有将这些思考看成精神遗产，他们身边的人也往往会以促使“大师”留下精神遗产为己任，鼓励乃至策划他们宣示某些思考结果。

这种情形在中国也不难见到，比如钱穆晚年发表的关于“天人合一”的想法，季羡林晚年发表的关于“文化三十年河东三十年河西”的想法，都属于类似情形。最近的例子当然是史蒂芬·霍金。他在关于宇宙是不是上帝创造的，以及我们要不要和外星文明交往这两个问题上的最新看法，很受中外媒体的关注，我已经在《上帝和外星人：霍金用老生常谈也能做出新贡献》一文中讨论过了。其实霍金近来意义最深远的重大表态，还不是在这两个问题上。

《大设计》（*The Grand Design*，2010）一书，看来将成为霍金留给世人的最后著作。在《大设计》中，霍金对一个就科学而言具有某种终极意义的问题表明了立场——和前面提到的两个问题一样，霍金仍然只是完成了“站队”，并没有提供新的立场。但是考虑到霍金“当代科学之神”的传奇身份和影响，他的站队就和千千万万平常人的站队不可同日而语了。正是在这个意义上，我说霍金在前面两个问题上“用老生常谈做出了新贡献”，而在《大设计》中这个我们下面就要讨论的重大问题上，霍金已经不是老生常谈了，因为他至少作出了新的论证。

英文版《大设计》封面

金鱼缸中的物理学

在《大设计》标题为“何为真实”（*What Is Reality*？）的第三章中，霍金从一个金鱼缸开始他的论证。

假定有一个鱼缸，里面的金鱼透过弧形的鱼缸玻璃观察外面的世界，现在它们中的物理学家开始发展“金鱼物理学”了，它们归纳观察到的现象，并建立起一些物理学定律，这些物理学定律能够解释和描述金鱼们透过鱼缸所观察到的外部世界，这些定律甚至还能够正确预言外部世界的新现象——总之，完全符合我们人类现今对物理学定律的要求。

霍金相信，这些金鱼的物理学定律，将和我们人类现今的物理学定律有很大不同，比如，我们看到的直线运动可能在“金鱼物理学”

中表现为曲线运动。

现在霍金提出的问题是：这样的“金鱼物理学”可以是正确的吗？

按照我们以前所习惯的想法——这种想法是我们从小受教育的时候就被持续灌输到我们脑袋中的，这样的“金鱼物理学”当然是不正确的。因为“金鱼物理学”与我们今天的物理学定律相冲突，而我们今天的物理学定律被认为是“符合客观规律的”。换句话说，我们实际上是将我们今天对（我们所观察到的）外部世界的描述定义为“真实”或“客观事实”，而将所有与我们今天不一致的描述——不管是来自金鱼物理学家的还是来自前代人类物理学家的——都判定为不正确。

但是霍金问道：“我们何以得知我们拥有真正的没被歪曲的实在图像？……金鱼的实在图像与我们的不同，然而我们能肯定它比我们的更不真实吗？”

这是一个非常深刻的问题，答案并不是显而易见的。

霍金“依赖模型的实在论”意味着他加入了反实在论阵营

在试图为“金鱼物理学”争取和我们人类物理学平等的地位时，霍金非常智慧地举了托勒密和哥白尼两种不同的宇宙模型为例。这两个模型，一个将地球作为宇宙中心，一个将太阳作为宇宙中心，但是它们都能够对当时人们所观察到的外部世界进行有效的描述。霍金问道：这两个模型哪一个是真实的？这个问题，和上面他问“金鱼物理学”是否正确，其实是同构的。

尽管许多人会不假思索地回答说：托勒密是错的，哥白尼是对的，但是霍金的答案却并非如此。他明确指出：“那不是真的……人们可以利用任一种图像作为宇宙的模型。”而且不出我之所料，霍金接下去举的例子正是影片《黑客帝国》——在《黑客帝国》中，外部世界的真实性受到了颠覆性的质疑。

霍金举这些例子到底想表达什么想法呢？很简单，他得出一个结论：“不存在与图像或理论无关的实在性概念”（There is no picture-

or theory-independent concept of reality)。而且他认为这个结论“对本书非常重要”。所以他宣布，他所认同的是一种“依赖模型的实在论”(model-dependent realism)。对此他有非常明确的概述：“一个物理理论和世界图像是一个模型(通常具有数学性质)，以及一组将这个模型的元素和观测连接的规则。”霍金对于他所提出的“依赖模型的实在论”非常重视，视之为“一个用以解释现代科学的框架”。

那么，霍金的“依赖模型的实在论”究竟意味着什么呢?

这马上让我想到了哲学史上的贝克莱主教(George Berkeley，1685—1753)——事实上霍金很快就在下文提到了贝克莱的名字——和他的名言“存在就是被感知”。非常明显，霍金所说的理论、图像或模型，其实就是贝克莱用以“感知”的工具或途径。这种关联可以从霍金“不存在与图像或理论无关的实在性概念”的论断得到有力支持。

在哲学上，一直存在着“实在论”和“反实在论”。前者就是我们通常的唯物主义信念：相信存在着一个客观外部世界，这个世界不以人的意志为转移，不管人类观察、研究、理解它与否，它都同样存在着。后者则在一定的约束下否认存在着这样一个“纯粹客观”的外部世界。比如“只能在感知的意义上”承认有一个外部世界。现在霍金以“不存在与图像或理论无关的实在性概念”的哲学宣言，正式加入了“反实在论”阵营。

对于一般的科学家而言，在“实在论”和“反实在论”之间选择站队并不是必要的，随便站在哪边，都同样可以进行具体的科学研究。但对于霍金这样的“科学之神”来说，也许他认为确有选择站队的义务，这和他在上帝创世问题上的站队有类似之处。他认为“不需要上帝创造世界”也许被我们视为他在向“唯物主义”靠拢，谁知《大设计》中“依赖模型的实在论”却又更坚定地倒向“唯心主义”了。

最后顺便指出，吴忠超作为霍金著作中文版的“御用译者”，参与了绝大部分霍金著作的中文版翻译工作，功不可没。但在他提供给报纸提前发表的《大设计》部分译文(2010年10月7日《南方周末》)中，出现了几个失误。

最重要的一个，是他在多处将“realism”译作“现实主义”，特别是将“依赖模型的实在论”译成“依赖模型的现实主义”，这很容易给读者造成困扰。“realism”在文学理论中确实译作“现实主义”，但在哲学上通常的译法应该是“实在论”，而霍金在《大设计》中讨论的当然是哲学问题。在这样的语境下将“realism”译作“现实主义”，就有可能阻断一般读者理解相关背景的路径。

又如托勒密的《至大论》(*Almagest*)，霍金在提到这部著作时称它为“a thirteen-book treatise”，这当然是正确的，但是译成“一部十三册的论文”就不妥了，宜译为“一部十三卷的论著”。

这些白璧微瑕都不是什么大问题，如在中译本出版时还来得及订正就更好了。

三、与科幻有关的科学外史

《黑客帝国》之科学思想史

《黑客帝国》发烧分类学

影片《黑客帝国》（*Matrix*，1999～2003）有发烧友无数，如要简单分类，可以有如下三种类型。说大一点，也可以说是关于《黑客帝国》的三种研究路径。

第一类可称为"知识索隐派"。他们干的可真是"体力活"，比如找来《新旧约全书》或《希腊神话指南》之类的书籍，从中逐一检索《黑客帝国》中的人名、地名、战舰名，诸如尼奥（Neo，"新""救世主"）；崔妮蒂（Trinity，"三位一体"）；莫菲斯（Morpheus，梦神）；锡安（Zion，古代耶路撒冷的一个要塞）、逻各斯（Logos，宇宙之道）；等等，希望从中解读出隐喻的意义。又如对影片的海报、视频截图等下大功夫，检索出某一款海报中，尼奥手持的是M-16A1型步枪；或尼奥和崔妮蒂勇闯大堂的激烈枪战中，尼奥手中的捷克造Vz61蝎式冲锋枪跳出的弹壳特写却是一款手枪子弹的。

第二类可称为"合理解释派"。他们的主要兴趣是要将《黑客帝国》《黑客帝国2：重装上阵》《黑客帝国3：革命》这三部影片中的故事，建构成一个能够前后照应、逻辑合理的框架。比如，锡安、机器城和真实世界究竟是什么关系？尼奥到底是人类还是程序？如此等等。为此，他们又经常需要依赖那部包括9个短片的《黑客帝国卡通版》来说事。通常，一个系统只要复杂到一定程度，就会产生无数问题，每个问题的答案又远远不止一个，于是我们平时所习惯的"真相"就会扑朔迷离。而《黑客帝国》系列的4部影片，思想驳杂，手法多样，已经构成了一个极其复杂的系统，足以将所谓的“真相”隐入千重云雾之中。所以这一派所从事的实际上是“Mission Impossible”——就是找沃卓斯基兄弟亲自来讲解，也未必能够自圆其说。

第三类是我自己搞的，或可名之曰“科学思想史派”。我其实自认还够不上《黑客帝国》发烧友，比如“索隐派”那些体力活就让我望而生畏，不过十多年来，《黑客帝国》三部正片我看过5遍（每次都要将三部依次看完），那部《黑客帝国卡通版》也看了3遍。我的主要兴趣，是对影片故事情节背后的某些思想进行考察。

《黑客帝国》颠覆了实在论吗?

据说有史以来，从未有过影片像《黑客帝国》那样，引起哲学家们如此巨大的关注兴趣和讨论热情。许多西方哲学家热衷于谈论《黑客帝国》，特别是那些比较“时尚”的，比如齐泽克（Slavoj Zizek）之类。这确实是一个相当奇特的现象。而中国的哲学家则大都“既明且哲，以保其身”，几乎从不谈论这个话题。也许他们觉得对自己也看不明白的《黑客帝国》不如藏拙为好？抑或是觉得以哲学家之尊去评论这样一部“商业电影”有失身份？我不知道，反正我不是哲学家。

不过哲学家谈论《黑客帝国》，仍然难免“哲学腔”——用我们门外汉的大白话来说就是总爱说些一般人听不懂的话（当然仅限于我看到过的著述）。倒是有些出自非哲学家之手的文章，明白晓畅，也触及了相应的哲学命题。

如果让我尝试用大白话来说，《黑客帝国》的哲学意义，最具根本性的是这个论题。

一旦我们承认了Matrix（所谓“母体”，即影片中电脑所建构的虚拟世界）存在的可能性，我们还能不能确定外部世界是真实的呢？我看到的答案通常都是否定或倾向于否定的，我自己思考的结果也是否定的。不难想象，这个否定的答案，对于我们多年来习惯于确认的外部世界的客观性（实在论），具有致命的摧毁作用。因为你一旦承认“母体”存在的可能性，那也就得跟着承认你此刻正在“母体”之中的可能性；而这样一来，你对外部世界的真实性就再也无法确定了。

上面这个问题，并非《黑客帝国》横空出世第一次提出，在此之前，哲学家们讨论的所谓“瓶中脑”问题，就是它的先声。在《黑客帝国》之前的某些科幻影片中，也已经或多或少地接触了这个问题，比如《银翼杀手》（*Blade Runner*，1981）、《十三楼》（*The Thirteenth Floor*，1999）等。但是它们都未能像《黑客帝国》那样将这个问题表现得如此生动和易于理解。可以说，《黑客帝国》用最新建构的故事和令人印象深刻的情节，在大众面前颠覆了实在论。也许这正是哲学家热衷于讨论《黑客帝国》的原因之一。

《黑客帝国》如何看待人机关系？

《黑客帝国》第一部的故事，似乎并未脱出“人类反抗机器人统治”这一科幻电影中早已有之的旧题（比如《未来战士》系列）。但是影片在第二部结尾处，安排了尼奥和 Matrix 设计者之间一段冗长而玄奥的对话，设计者告诉尼奥不要低估 Matrix 的伟大，因为事实上就连锡安基地乃至尼奥本身，都是设计好的程序——他已经是第六任这样的角色了，目的是帮助 Matrix 完善自身。在此之前 Matrix 已经升级过五次了。

我们从《黑客帝国 3：革命》中，其实看不到革命。我们能看到的，主要是 Matrix 和锡安基地之间一场冗长的攻防战。锡安基地本来不可能抵挡住机器兵团的进攻，但由于救世主尼奥徒手独闯 Matrix 核心，大展奇迹，与 Matrix 达成了和平协议——尼奥为 Matrix 除掉不臣的警探史密斯，Matrix 从锡安退兵。最终挽救了锡安基地，双方恢复共存状态。

有人认为第三部的所谓“革命”，指的是观念上的革命。

因为我们以前考虑人和计算机之间的关系时，不外乎乐观（相信机器永远可以为我所用）、悲观（相信机器终将统治人类）两派，这两派其实都是“不是东风压倒西风就是西风压倒东风”的思维模式。据说《黑客帝国》第三部要革的，就是这个思维模式的命。取代这个模式的，则是“人机和谐共处”的模式。

第三部结尾处，Matrix 的设计者承诺：人类有选择的自由——既可以选择留在 Matrix 中，也可以选择生活在锡安的世界。留在 Matrix 意味着将自己的大脑（和灵魂）交给机器，但可以过醉生梦死的“幸福生活”；去往锡安意味着保持自由意志，但生活（的感觉）可能没有在 Matrix 中那么美好。

第三部结尾处有一个阳光灿烂的美丽场景，如果我们还记得影片中曾交代过，人类为了阻断机器人所依赖的太阳能，已经“毁灭了天空”——地球上永远是暗无天日的，那么此刻的阳光灿烂，当然可以解释为人机之间已达成永久和平，世界已经重归和谐美好。

但是且慢，这样的解释是无法成立的。既然锡安也只是一个程序，那它就必然是 Matrix 的一部分，那就意味着机器已经控制了整个世界。人类实际上不能在真实世界和 Matrix 之间选择，只能在 Matrix 中这一部分和那一部分之间选择。这样的生活，不是依旧暗无天日吗？不是依旧在“不是东风压倒西风就是西风压倒东风”的模式中吗？那个阳光灿烂的美丽场景，仍然只能是 Matrix 给人类的幻象。

所以我的结论是，《黑客帝国》在人机关系问题上肯定是悲观的。影片未能给出“人机和谐共处”模式取代“不是东风压倒西风就是西风压倒东风”模式的足够理由。而那场向观众许诺的革命，在影片中并未发生——也许永远不会发生了。

《基地》：依赖机器人的文明都已灭亡

写了半个世纪的小说《基地》系列

当年传出卢卡斯与斯皮尔伯格决定联手打造《夺宝奇兵》Ⅳ（*Indiana Jones*，2008）的八卦新闻时，我就感叹过：放着《基地》（*Foundation*）这么精彩的小说，为什么不去改编为电影？这样一部科幻史诗才当得起这两位的联手打造。

《基地前传1·基地前奏（上）》中译本封面

系列科幻小说《基地》，按照故事顺序如下。“前传”：《基地前奏》上下、《迈向基地》上下；“正传”：《基地》、《基地与帝国》、《第二基地》；“后传”：《基地边缘》上下、《基地与地球》上下。这个系列可以算美国科幻作家、科普作家艾萨克·阿西莫夫（Isaac Asimov）最负盛名的作品。近年我红尘陷溺，俗务缠身，已经极少读小说了。但是，尽管《基地》中译本有 11 册之多，我居然一口气读完了。要注意我可不是什么“阿迷”，《基地》能吸引我，实在是靠它自身的魅力。

当年阿西莫夫业余写科幻小说大获成功，遂从医学院副教授任上辞了职，全心全意过写作生活，此后他的全部岁月都在打字机前度过。《基地》“正传”三部曲给他带来了意想不到的声誉和财富，然而他却在 1957 年突然停止了科幻小说的写作，转入科普创作。新的写作继续为他带来声誉和财富，他的科普作品风行世界。同时他又走上电视，成为向公众传播科学的明星，被誉为“我们这个时代伟大的讲解员”。

但是阿西莫夫那些科幻小说的粉丝和出版商却不放过他，一直要求他将《基地》三部曲续写下去，在停顿了二十多年之后，阿西莫夫终于再作冯妇，开始写《基地》的“前传”和“后传”，结果甚至比当年的“正传”更加畅销。例如“后传”中的《基地边缘》1982 出版后，持续 25 周出现在《纽约时报》畅销书排行榜上。

《基地》系列第一部写于 1941 年，最后一部写于 1992 年，时间跨度长达半个多世纪。2001 年发生“911”恐怖袭击之后，因为有传言说“基地”组织的名称和运作可能受到《基地》小说的启发（这确实有可能），《基地》再次引人注目。

科学、宗教、心理史学

《基地》故事的场景被设定在一个遥远的未来，那时人类已经遍布银河系中的可居住行星，而日暮途穷的“银河帝国”已经有着两万多年的历史。有一个名叫谢顿的人，发明了一种“心理史学”，可以预测人类社会未来的盛衰（这至今仍是没有科学依据的幻想）。谢顿秘密建立了两个基地，为银河帝国的崩溃和重建做准备——他要让中间这段黑暗时期从三万年缩短为一千年。

《基地》史诗般的故事结构宏大，气象万千，据说是吉本《罗马帝国衰亡史》触发了阿西莫夫的灵感，他让一部帝国盛衰史在银河系遥远未来的时空中全新搬演。小说中出现了大量很有深度的思考或猜测，对于这些思考或猜测，谓之杞人忧天固无不可，谓之留给子孙后代的精神财富亦无不可。因为这是对人类未来命运的思考。

阿西莫夫在《基地》中似乎对科学技术仍然抱有通常的信念，他仍然尽力讴歌科学技术的成就和力量。在《基地》的故事中，文明的衰落会导致科学技术的失传和倒退，全银河系一度只剩下基地所在的行星“端点星”还掌握着原子能技术。而基地就是依靠科学技术的优势发展壮大，逐渐控制了几乎整个银河系。

在阿西莫夫的想象中，宗教和科学技术可以相互依赖、甚至相互转化。基地对近旁“四王国”的征服就是这样的一幕：毫无武装力量的基地，面对虎视眈眈的四王国，反而向四王国提供原子能技术，但同时建立了教士阶级，教士们掌握着四王国的能源、医药等命脉，而他们都在基地接受训练，基地成为他们心目中的“神圣行星”。最后，当国王们决定征服基地，出动联军向基地进攻时，联军在教士的煽动下哗变，宣布效忠于基地。从此四王国成为基地最坚强的根据地。

上面这充满戏剧性的一幕，阿西莫夫很可能是从当年罗马教会在西罗马帝国崩溃后，面对诸“蛮族”王国设法自保的历史中获得灵感的。不过，如果我们戴上“后现代”的有色眼镜，也未尝不能将这一幕解读为某种“反讽”——科学可以被神化成为一种新宗教。

依赖机器人的文明终将灭亡

近来“机器人”话题越来越热，据说中国的机器人制造公司正在雨后春笋般涌现，珠三角地区宣称将在近期大规模引入工业机器人……阿西莫夫自己创作过一系列关于机器人的科幻小说，他创立的

"机器人三定律"甚至成为当代机器人研究中的基本原则（尽管在应用中经常会被违反），《基地》中也经常谈到阿西莫夫自己创立的"机器人三定律"，有时还要在前面加上"第零定律"，有时还认为这几条定律所针对的对象应该从人类扩展到宇宙中所有的生命。但非常令人惊奇的是，阿西莫夫在《基地》中明确表达了这样的一个信念：所有依赖机器人的文明都终将灭亡！

阿西莫夫给出的理由之一是这样的："一个完全依赖机器人的社会，由于极度单调无趣，或者说得更玄一点，失去了生存的意志，终究会变得孱弱、衰颓、没落而奄奄一息。"。这个想法是有相当深度的。它和前不久有人提出，当生产 iPhone 的工厂大量使用机器人后，造出来的 iPhone 准备卖给谁？实有异曲同工之妙。

对于电脑发展的前景，阿西莫夫也有一些朴素的想法，例如他正确认识到电脑微型化也是有物理极限的："更进一步的微型化，势必遇到测不准原理的障碍；而复杂度再增高的结果，则一定会几乎立即崩溃。"虽然这只是对于单个机器人智能的刚性制约，阿西莫夫写完《基地》系列时互联网刚刚冒头，他未能想象到人工智能与互联网的结合将轻而易举越过这个刚性制约，但这种结合将使人工智能变得极度危险，反而让阿西莫夫关于依赖机器人的文明终将灭亡的告诫变得更有价值。

在《基地》的故事中，机器人已是一个遥远的回忆，因为所有依赖机器人的文明，后来几乎无一例外都衰亡了。而人类在与尾大不掉不再服从人类命令的机器人进行了一场战争之后，最终禁止了机器人，人类这才幸存下来。但是《基地》中又有一个已经存在了两万多年的以造福人类为己任的超级机器人，出现在整部小说的始终。考虑到《基地》写作前后长达半个世纪，看来阿西莫夫自己在这个问题上的观点也有点游移不定。

中国为什么不拍一部《基地》的科幻电影？

在 1966 年的世界科幻大会上，《基地》"正传"三部曲荣膺雨果奖新设的“历年最佳系列小说”。直至2005年，天地出版社出版了叶李华翻译的《基地》中文简体本，全套共11册。2012年江苏文艺出版社的《银河帝国》系列合并为7册。现在中国读者想亲近一下这部小说已经很方便了——关键是看你在被移动互联网浪费掉大把时间精力之后，还愿意为它贡献出多少阅读时间。

考虑到西方那么多科幻小说都被拍成了电影——其中比《基地》平庸的作品有的是，那么《基地》至今仍然没有被改编成电影，确实是一件非常奇怪的事情。《星际迷航》已经拍了12部，《星球大战》也要拍Ⅶ了，《基地》这样伟大的科幻史诗，任何读过它的人都会同意改编成系列电影是顺理成章的。如果美国人过了70多年都不拍，可不可以由中国人先来尝试拍一部呢？

想象与科学：地球毁于核辐射的前景

地球毁于核辐射的前景

如果想改变我们先前对科学技术那种近于痴情、单恋的看法，路径当然有不止一条，比如哲学思考之类，但最轻松的莫过于多看看科幻作品。看得多了，只要稍加思考，有些问题就会次第浮现出来。

比如，许多科幻作品中都想象了地球的末日，我们可以将这些想象中造成地球末日的原因分为两大类：第一类是外来的灾变，比如太阳剧变、彗星撞击等，总之是外来的不可抗拒之力所致；稍推广一点，则外星文明的恶意攻击，乃至《三体》中想象的“降维攻击”等，都可归入此类。第二类是人类自己的行为，在这一类型中，导致地球末日的原因，通常总是核战争或核灾难。

在许多末日主题的作品中，导致地球末日的原因和过程往往虚写，故事总是在地球废墟、逃亡中的宇宙飞船、已经殖民的外星球之类的环境中展开。比如经典科幻影片《银翼杀手》（*Blade Runner*，1981，据菲利普·迪克小说改编）、剧集《太空堡垒卡拉狄加》（*Battlestar Galactica*，2003，也可以算经典了）等，都是如此。

在这类作品中，地球还经常被写成一个久远的传说，因为它早已被人类废弃。最典型的例子是阿西莫夫的科幻史诗《基地》系列，当人们最终找到那个传说中人类起源于此的行星地球时，发现它是一颗废弃已久的死寂星球，上面“任何种类的生命都没有”，因为极强的放射性使得“这颗行星绝对不可以住人，连最后一只细菌、最后一个病毒都早已绝迹”。

想象一个“没有我们的世界”

科学幻想的功能之一是所谓“预见功能”——这一点即使是盲目崇拜科学、拒绝反思科学的人也是赞成的，但是仅仅靠小说、电影这类虚构作品的想象，毕竟缺乏足够的说服力，于是有人弄出一部“幻想纪录片”，来讨论地球的未来。

在通常的认识中，纪录片被视为某种意义上的“非虚构作品”——实际上也难免有或多或少的建构成分。有些幻想故事影片采用“伪纪录片”的形式拍摄，这种做法逐渐模糊了科学幻想和科学记录之间的界限。

这部由美国国家地理频道拍摄的《零人口的后果》（*Aftermath: Population Zero*，2008），来源于美国人艾伦·韦斯曼的非虚构作品《没有我们的世界》（*The World without Us*，2007），此书的纪录片拍摄权出售给了国家地理频道。韦斯曼为了宣传此书，还到上海和北京出席了有关活动，与中国读者及相关学者共同研讨了一番“有关人类未来”的种种问题——尽管难免有点大而无当。在2007年举行的一场活动中，我也和韦斯曼讨论过一些这类问题。不过这部影片用了完全不同的片名，而且在片头、片尾也没有找到“改编自韦斯曼”之类的字样。

几乎所有的科学幻想作品都是幻想“人类未来如何如何”，所以描绘人类突然消失以后的地球，确实不失为一个新思路。假如人类突然消失，地球会发生哪些变化？

消失2天后：管道堵塞，城市变为泽国；

消失1周后：因水冷却系统瘫痪，核电站的核反应堆毁于高温和大火；

消失1年后：大城市的街道纷纷开裂，并被杂草占据；

消失3年后：因为不再有暖气供应，大城市管道系统爆裂，建筑物开始瓦解；蟑螂和那些依附于人类的寄生虫早已死去；

消失 10 年后：木质建筑材料开始腐烂；

消失 20 年后：浸在水中的钢铁锈蚀消融，铁路的铁轨开始消失，城市街道成为河流，野草侵夺了农作物的生存空间；

消失 100 年后：来自北方森林中的牦牛占据了欧洲的农场，非洲象的数量有望增长 20 倍，大多数房屋屋顶塌陷；

消失 300 年后：地球上的桥梁纷纷断裂；

消失 500 年后：曾经是城市的地方已经变成森林；

消失 5000 年后：核弹头的外壳被腐蚀，其放射性污染环境；

消失 35000 年后：泥土中的铅终于分解；

消失 10 万年后：大气中的二氧化碳终于降低到工业化时代之前的浓度；

消失 100 万年后：微生物终于进化到可以分解塑料制品了；

消失 1000 万年后：青铜雕塑的外形仍然依稀可辨；

消失 45 亿年后：放射性铀 238 进入半衰期；

消失 50 亿年后：太阳因进入晚年膨胀而吞噬了地球，地球的历史结束。

上面这些情景，并非纯粹出于幻想。对于人类突然消失后地球会发生哪些变化，可以依据现有的相关知识，结合地球上某些特殊地区的状态来推测。这些地区或是人类尚未大举入侵的，或是人类活动因战争之类的原因而停止了相当长一段时间的。后者看起来更具说服力。比如塞浦路斯东岸的旅游胜地瓦罗沙，因为战争而荒废了两年，结果街道上的沥青已经裂开，从中长出野草不说，连原先用作景观植物的澳大利亚金合欢树，也在街道中间长到一米高了。又如韩国和朝鲜交界处的“非军事区”，从 1953 年起成为无人区，结果这里变成各种野生动物的天堂，包括濒临绝种的喜马拉雅斑羚和黑龙江豹……

人类已经亲手毁灭了伊甸园吗？

人类在短时间内“突然消失”和逐渐衰亡并不一样——考虑“突然消失”才更具戏剧性，作为思想实验也更具冲击力。这和影片《后天》(*The Day after Tomorrow*，2004，以及随后出版的同名小说)中的故事有点类似：地球环境突然变冷，于是对人类构成了浩劫。如果逐渐变冷，人类有时间适应并采取对策，就不成为浩劫了。

从现今的情况来看，在可见的将来，人类突然消失似乎是不可能的，但作为假想，倒也不是全然没有可能。比如：某种致命病毒的传播导致人类全体灭亡——这在玛格丽特·阿特武德的小说《羚羊与秧鸡》(*Oryx and Crake*)中已经想象过了；或者是人类丧失了生育能力，只有死没有生，由此逐渐“将这个星球还原成伊甸园的模样”——这在影片《人类之子》(*Children of Men*，2006)中也想象过了。韦斯曼甚至还想象了“外星人将我们带走”之类的可能。

想象一个“没有我们的世界”，对于今天的我们有什么意义呢？

站在地球的立场上看，总体来说，人类的退出不失为福音。人类发展到今天，几乎已经成为地球上所有其他物种的天敌。作为人类文明集中表现的城市，则成为高污染、高能耗的大地之癌。越来越多的人开始认识到，城市已经不再能够让生活变得更美好。《零人口的后果》或《没有我们的世界》至少给了我们一个新视角，看看我们人类，对地球这颗行星都干了些什么事啊！再联想到中国古代文学中“高岸为谷，深谷为陵”“三见沧海变为桑田”之类的意境，人类文明恍如南柯一梦，最终都将归于寂灭虚无。看看这样的情景，至少也能让人稍微减少些钻营奔竞之心吧？

虽然在人类退出之后，大自然“收复失地”的能力之强、速度之快，都超出了我们通常的想象，但人类的活动已经给地球种下了祸根，人类目前是依靠自己的持续活动来保持灾祸不发作，一旦人类离去，灾祸就无可避免——最典型的就是核电站。人类天天严密看管着它们，还难免有恶性事故(比如切尔诺贝利、福岛的核灾难)，一旦失去人类的管理，那些核反应堆和核废料，在此后漫长的岁月中，“都将成为创造它的智慧生物和靠近它的无辜动物的墓碑”。

所以，不管人类灭不灭亡，伊甸园已经毁在我们手里了。我们还能重建它吗？小说《基地》中所想象的死寂地球，还能够承载另一个新文明吗？

菲利普·迪克：科幻江湖的悲歌

生前潦倒的菲利普·迪克

艺术家、小说家、学者，这三类人的人生，通常都难逃如下四种组合：一是，生前身后皆寂寞；二是，生前身后皆荣耀；三是，生前寂寞，身后荣耀；四是，生前荣耀，身后寂寞。第一种正是绝大部分人的宿命，无需多言；第二种是少数人的幸运，比如意大利文艺复兴时期的“三杰”之类；第三种的典型代表是凡·高；第四种人通常善于经营自己的人生，故得以生前享受荣耀，但实际成就有限，身后很快被人遗忘，终究难免寂寞。科幻小说作家菲利普·迪克（Philip K. Dick，1928—1982）无疑属于上述组合中的第三种人。

迪克是一个早产儿，而且出生在一个相当糟糕的美国家庭，出生三周，他的孪生妹妹就因电热毯烧伤而死于襁褓之中。他五岁时，父母因父亲调动工作发生争执，其母拒绝随他父亲赴任，决定独自抚养迪克。迪克小学时经常逃课，成绩平庸，和写作有关的课程只能得 C（这是最低的及格成绩）。他进过大学，读德语专业，但很快就辍学了。此后当过一个音乐节目的 DJ，1952 年他售出了他的第一篇小说，于是开始了全职写作——估计是被迫的，因为他找不到什么固定的工作。20 世纪 50 年代他贫困潦倒，甚至缴纳不了因在图书馆借书逾期而产生的罚款。

1963 年，迪克因长篇小说《高城堡里的人》（*The Man in the High Castle*）得了雨果奖的最佳小说奖，这虽是科幻界的大奖，但科幻本身仍是相当边缘的，迪克的小说仍然只能在廉价的出版社出版，但

20世纪60年代仍不是他的黄金岁月。这一时期，迪克还因参与反对越南战争的活动而被联邦调查局列为监控对象。

迪克结过五次婚，次次以离婚收场。他终身贫病交加，酗酒、吸毒、欠债。科幻作家海因莱因（R. A. Heinlein）爱其才，不时帮助他，有一次迪克欠缴税额颇大，束手无策，海因莱因帮他缴了税，让他感激涕零。53岁那年，迪克在贫病中死去，他父亲白发人送黑发人，将他葬在夭折的孪生妹妹一旁。

身后他的小说成为科幻电影的宠儿

迪克死的那年，根据他的小说改编的第一部电影上映，即著名的科幻影片《银翼杀手》（*Blade Runner*，1982）。本来这是他“守得云开见月明”的开端，可惜他死得太早，见不到自己身后的荣耀。

《银翼杀手》根据迪克1967年的中篇小说《仿生人会梦见电子羊吗？》（*Do Androids Dream of Electronic Sheep?*）改编。改编成电影时，从别处买来了一个标题*Blade Runner*的使用权。按照字面意思，这个片名应该译成《刀锋行者》，现在常用的中译名《银翼杀手》据说来自我国台湾，显然不是确切的翻译。不过流行既广，也就约定俗成了。

《银翼杀手》上映之初，恶评如潮，既不叫好也不叫座，连饰演男主角的哈里森·福特也不以出演此片为荣。然而二十多年后，《银翼杀手》的声誉却扶摇直上，成为科幻影片中地位极高的经典，2004年英国《卫报》组织60位科学家评选“历史上的十大优秀科幻影片”，它竟以绝对优势排名第一。《银翼杀手》先后已有7个不同版本，最后发行了导演斯科特的“钦定”最终版本。

《银翼杀手》是一个“三观尽毁杀人夜”的故事，情节集中在一昼夜中。

当时人类已经掌握了“仿生人”（Android）技术，Tyrell公司研制的仿生人仿照人类精英复制，不断更新换代，到Nexus-6型的时候，即使被放到人类中间，也已经出类拔萃了，个个俊男靓女，而且综合能力和素质极高。不过即使已经如此优秀，它们仍然没有人权。仿生人被用于人类不愿亲自从事的各种高危险工作，比如宇宙探险或是其他星球的殖民任务。而且只有四年寿命，四年一到即自动报废。

但仿生人既已如此优秀，不可能长期忍受奴役，反叛终于出现。人类政府于是宣布仿生人在地球为非法，并雇佣赏金猎人剿杀仿生人。这些赏金猎人就是“银翼杀手”。故事开始时，警察局局长请已经金盆洗手的前银翼杀手德卡德重新出山，因为又有几个Nexus-6型仿生人来到地球。德卡德贪图赏金，遂在残破的洛杉矶城中重操旧业。

谁想德卡德在全力追杀仿生人的过程中，却爱上了一个仿生人——Tyrell公司老板的美丽秘书蕾切尔（Rachael）。她不在追杀任务的名单上，因为老板宣称她是“公司财产”。但是德卡德对自己的任务越来越困惑。在他最终完成追杀任务的那个夜晚，“三观尽毁，完全变成了一个新人”。作者迪克则表示：“在我看来，这个故事的主题是德卡德在追杀仿生人的过程中越来越丧失人性，而与此同时，仿生人却逐渐显露出更加人性的一面。最后德卡德必须扪心自问：我在干什么？我和他们之间到底有什么本质的不同？如果没有不同，那么我到底是谁？”

影片《银翼杀手》省略了小说中的一些次要线索，比如德卡德和妻子之间的矛盾、领养动物或昆虫作为宠物的风尚等（所以“仿生人会梦见电子羊吗”自然就没了着落）。影片强化了德卡德在追杀仿生人过程中的道德和人性冲突，最后在与仿生人巴蒂决斗时，德卡德不堪一击，完全居于下风，而此时因为四年寿命即将期满已到临终时刻的巴蒂，不仅没有让德卡德“垫背”，反而出手救了德卡德，然后说了那段著名的遗言之后死去——那段在小说中并未出现的遗言（I’ve seen things you people wouldn’t believe...）。之所以著名，是因为迄今还没人能够将它解释明白。最后，德卡德带着蕾切尔不知所终。

迪克在科幻江湖上的历史地位

迪克生前贫困潦倒，但身后他的科幻小说却声誉日隆——根据他的小说改编的科幻影片迄今至少已有10部：《银翼杀手》；《全面回忆》（*Total Recall*，1990、2012）；《尖叫者》（*Screamers*，1995）；《少数派报告》（*Minority Report*，2002）；《强殖入侵》（*Imposter*，2001）；《记忆裂痕》（*Paycheck*，2003）；《黑暗扫描仪》（*A Scanner Darkly*，2006）；《预见未来》（*Next*，2007）；《命运规划局》（*The Adjustment Bureau*，2010）。他很可能已成为有史以来作品被改编为电影最多的科幻作家。截至2004年，据迪克小说改编的6部电影总共有700万美元的票房，加上后来的4部，数额当然会更大些。不过这个数字也表明，迄今为止据迪克小说改编的科幻影片都难以大卖。

总体而言，迪克的作品主要胜在思想性。而且他没有受过完整的大学教育，导致他在知识背景方面杂学旁收，这倒成了他的优点。但是平心而论，他作品中的语言偏于枯涩，场景通常残破暗淡，不易产生阅读快感。他的生前潦倒或许也和这一点有关。

弗里德里克·詹姆逊（F. Jameson）评论迪克时说："他是科幻小说中的莎士比亚……并且他在法国知识分子中成了一个偶像式的人物，但是在大学里的英语系当中，知道他的人却并不多。"这一点也可以从中国最著名的科幻作家之一韩松在迪克的小说《尤比克》（*Ubik*）的跋中得到旁证：韩松说自己大概到2003年才知道迪克，"后来一天天感觉不一样了。现在听说能为迪克的书写跋，能与这个牛人阴阳对话，诚惶诚恐，受宠若惊，坐在电脑前甚至有一种毕恭毕敬感。"而亚当·罗伯茨（A. Roberts）在《科幻小说史》（*A History of Science Fiction*）中认为："迪克理应比其他作家得到更为详细的解读，因为他可以算是20世纪最重要的科幻小说作家。"

寻找外星人的科学故事（一）：从德雷克公式到SETI

有人说，现代人谈论外星人（或UFO），其实和古代人谈论神仙、妖怪是一样的。如果将这里的“一样”理解为心理上的，我认为那是很有可能成立的。不过现代人和古代人有一件事情不一样——现代人有“科学”而古代人没有。

有了科学就会有“科学研究”，而进行“科学研究”就有一系列实施的行动。没有科学的古人会“入山修道”，这实际上是一种试图寻找神仙、接近神仙的行动。而有了科学的现代“主流科学共同体”，虽然经常对于外星人这个话题嗤之以鼻，但他们有时候却也会将“科学研究”的功夫用在寻找外星人这件事情上。

德雷克公式：从1到1 000 000

1960年，美国天文学家弗兰克·德雷克（Frank Drake）发起了搜寻地外文明——（Search for Extraterrestrial Intelligence，SETI）——的第一个实验项目“奥茨玛计划”（Project Ozma）。次年第一次SETI会议在美国绿岸举行。德雷克在会议上提出了一个公式，用于估测“可能与我们接触的银河系内高等智慧文明的数量”。这个公式通常被称为“德雷克公式”（Drake Equation），有时也被称为“萨根公式”（Sagan Equation）。公式是七项数值的乘积，表达如下：

$$N = R \times f_p \times n_e \times f_l \times f_i \times f_c \times L$$

其中，N表示银河系内可能与我们通信的高等智慧文明数量，R表示银河系内恒星形成的速率，f_p 表示恒星有行星的概率，n_e 表示位于合适生态范围内的行星平均数量，f_l 表示以上行星发展出生命的概率，f_i 表示演化出高等智慧生物的概率，f_c 表示该高等智慧生物能够进行通信的概率，L 表示该高等文明的预期寿命。

由于公式右端的七项数值中，没有任何一项可以精确计算或测量出来，都只能间接估计、推算得出，而各人的估算差异很大，所以得出的左端 N 值也就大相径庭。极端数值竟在 1 与 1 000 000（100 万）之间。这两个极端皆有实例。

卡尔·萨根估算出来的 N 值就为 100 万的量级，他还相当倾向于相信外星人曾经在古代来到过地球。有趣的是，据说德雷克估算出来的 N 值却是 1——这意味着断定宇宙中（或至少在银河系中）只有我们地球人类是唯一的高等智慧文明。十多年前我曾听过中国科学院上海天文台当时的台长赵君亮教授的一次演讲，他在演讲中逐项估算了德雷克公式右端的七项数值，最后成功地将左端的 N 值推算成 1。所以他的结论自然就是，寻找外星人没有什么实际意义（因为银河系只有我们地球一个高等文明）。

搜寻外星人发出的无线电信号

实施 SETI 计划的理论依据，是和 20 世纪中期天体物理学进入全新阶段的大背景密切联系在一起的。

第二次世界大战结束之后，大量雷达天线退役废弃，不料人们发现这些天线可以用来“看”肉眼看不见的东西——人类肉眼可见光本来只是整个电磁辐射频谱中很小的一段，而雷达天线可以接受非常宽阔的辐射范围。这种用途的雷达天线被称为“射电望远镜”，于是一门新的天文学分支“射电天文学”热力登场。一时间，射电望远镜成为非常时髦的科学仪器，西方不少天文学家甚至在自己家后院里也装置一个（有点像我们现在装的小型电视接收天线）。在 20 世纪五六十年代，使用射电望远镜得到了一系列重要的天文学发现，有人还凭借这方面的成果获得了诺贝尔物理学奖，“射电天文学”由此成为显学。

在这样的背景之下，德雷克于1960年在国家射电天文台发起“奥茨玛计划”——用26米直径的射电望远镜搜寻、接收并破译外星文明的无线电辐射信号——自然是非常紧跟潮流之举。当时德雷克曾以为果真检测到了这样的信号，但后来发现这只是当时军方进行的秘密军事试验发射出来的；其余的信号都是混乱的杂音。

那么，外星人到底会不会发射无线电信号呢？这实际上也是根据地球人类的科技发展情况而作出的假设。1959年天文学家G. Cocconi和P. Morrison在《自然》上发表的《寻求星际交流》一文，如今已被该领域的研究者奉为“经典中的经典”，其中提出了利用无线电搜索银河系其他文明的构想。

德雷克的上述计划，通常被认为是最早的SETI行动，虽然没有检测到任何最初希望的信号，但也引起了其他天文学家的兴趣。20世纪70年代末，NASA曾采纳了两种SETI计划并给予资金资助，但几年之后终止了资助。其后还有别的SETI项目相继展开，并一直持续至今。比如后来有凤凰计划（Project Phoenix），它曾被认为是SETI行动中最灵敏、最全面的计划。打算有选择地仔细搜查200光年以内约1000个邻近的类日恒星——假定了这些恒星周围有可能存在可供生命生存的行星。苏联科学界也曾对SETI表现出极大的兴趣，在20世纪60年代也实施过一系列搜索计划。

搜寻外星人的群众运动

大型射电望远镜虽然很先进，但它观测所得的数据浩如烟海，要及时对这些数据进行处理却成了难题——工作量实在太大了。于是人们想出一种经济可行的办法——让拥有个人电脑的普通人利用自己电脑的闲置时间来帮助处理数据。志愿参加者每次可从专用网址下载阿雷西博射电望远镜最新的观测数据，利用计算机进入屏幕保护状态时的空闲时间对这些数据进行处理，完成后可将数据发回研究人员处，再下载新的数据。研究人员称，“这好比是在一堆干草里找一根针，干草仍是那堆干草，但有许多普通人帮助，找起来可以仔细得多，所以总有一天能找到的吧——如果那根针存在的话。”当然，这项活动迄今并未取得人们期望的成果。所以也难怪许多科学家认为 SETI 计划是没有意义的。

对于寻找外星文明的群众运动，天文学家萨根做出了他自己独特的贡献——写一部关于 SETI 的畅销小说，并将它拍成电影！

在轰动一时的电视系列片《宇宙》将他推上文化名流的地位之后，萨根为他构想中的科幻小说《接触》(*Contact*)准备了一份写作计划，1980 年 12 月 5 日分送 9 家出版社进行投标，结果西蒙 & 舒斯特出版社以预付 200 万美元稿费的出价中标。为一部尚未动笔开写的小说竟预付如此惊人的稿费，在当时实属空前之举。

小说《接触》在签约时就预订在 1984 年搬上银幕拍成电影。在萨根心目中，最像样的文艺形式莫过于电影——据说这与他父亲当过电影院检票员有关，所以他对于电影《接触》的筹拍十分投入。但是在好莱坞制片人眼中，SETI 这样的玩意儿毕竟不那么吸引人，和小说的惊人身价不同，《接触》的剧本在好莱坞成了流浪儿——从一个制片人手上转到另一个制片人手上，转眼十几年过去。直到 1997 年电影《接触》(常见的中译名是《超时空接触》)才终于公映。

和现实中的情形不同，小说和电影中的 SETI 行动取得了重大成果——女主角（其实是萨根自己的化身）的研究小组真的接收到了外星发来的无线电信号，而且对这些信号解读的结果表明，这是完整的技术文件，指示地球人建造一艘光速飞船（实际上就是时空旅行机器，乘上它可以到达织女星）。于是美国政府花费了 300 亿美元将飞船造成，女主角艾博士争取到了乘坐飞船前往织女星的任务，她童年的梦想眼看就要成真……

不幸的是，影片《接触》上映时，萨根已在半年前撒手人寰，他最终未能看到自己编剧的电影上映，恐怕难免抱恨终天。但是他的这部小说和同名电影，确实让 SETI 的名字和活动更广泛地进入了公众的视野。

寻找外星人的科学故事（二）：围绕METI行动的争论

“喂！我在这儿！”

上次谈到的SETI行动，实施到今天已经半个多世纪了，虽然催生了《接触》之类的科幻作品，但迄今未获得任何实际上的“科学成果”。于是有些人感到这样“被动”地搜寻外星人信息还不是理想的办法，他们要“主动出击”，向外星人发送我们地球人类的信息。这种行动被称为METI行动（Message to the Extra Terrestrial Intelligence），有时也被称为Active SETI。

METI行动主要可以归纳为两大类：第一类是用巨型无线电天线向外星发射无线电信号；第二类是用类似“漂流瓶”的方式向茫茫宇宙送出带有地球信息的物件，这可以称为“宇宙漂流瓶”。

第一类METI行动试图向外太空发射定位无线电信号，告知地外文明人类的存在。选定目标的依据，主要是猜测那些星体有可能拥有类似地球的行星系统，因而也就有可能发展出某种类似地球人类的高等文明。迄今为止，比较有影响的向外太空发射无线电信号的METI项目共实施了四次。

这种主动向外星人打招呼的行动，与人类儿童的某些行为相当类似。例如，儿童们喜欢招惹旁人对自己的注意，他们经常会主动向旁人说：“喂！我在这儿！”

表 1　四次向外太空发射无线电信号的 MET1 项目

名称	阿雷西博信息（Arecibo Message）	宇宙呼唤 1999（Cosmic Call）	青少年信息（Teen Age Message）	宇宙呼唤 2003（Cosmic Call）
日期	1974 年 11 月 16 日	1999 年 7 月 1 日	2001 年 9 月 4 日	2003 年 7 月 6 日
国家	美国	俄罗斯	俄罗斯	美国、俄罗斯、加拿大
发起者	德雷克、萨根等	萨特塞夫等	萨特塞夫等	萨特塞夫等
目标星体	M13 球状星团 Hercules	HD190363 Cygnus HD190464 Sagitta HD178428 Sagitta HD186408 Cygnus	HD9512 Ursa Major HD76151 Hydra HD50692 Gemini HD126053 Virgo HD193664 Draco	Hip4872 Cassiopeia HD245409 Orion HD75732 Cancer HD10307 Andromeda HD95128 Ursa Major
所用雷达	Arecibo	Evpatoria	Evpatoria	Evpatoria
持续时间 / 分钟	3	960	366	900
发射功率 / 千焦耳	83	8640	2200	8100

至于“宇宙漂流瓶”方案中，最著名的自然是那张所谓的“地球名片”。卡尔·萨根曾参与过水手 9 号、先驱者系列、旅行者系列等著名的宇宙飞船探索计划，他和德雷克（Frank Drake）设计了那张著名的“地球名片”——镀金的铝质金属牌，上面用图形表示了地球在银河系中的方位、太阳和它的九大行星①、地球上第一号元素氢的分子结构，以及地球上男人和女人的形象。1972 年 3 月 2 日和 1973 年 4 月 5 日，美国发射的先驱者 10 号和先驱者 11 号探测器上都携带了这张“名片”。

METI 行动引发的激烈争议

METI 行动刚一实施，就在科学界引发了激烈争议。1974 年 11 月 6 日，在第一个星际无线电信息通过阿雷西博雷达被发往 M13 球状星团后，当年的诺贝尔奖获得者、射电天文学家马丁·赖尔（Martin Ryle）

① 2006年，曾经被认为是九大行星之一的冥王星被定义为矮行星。——编者

就发表一项反对声明，他警告说，“外太空的任何生物都有可能是充满恶意而又饥肠辘辘的”，并呼吁针对地球上任何试图与地外生命建立联系和向其传送信号的行为颁布国际禁令。

赖尔的声明随后得到一些科学人士的声援，他们认为，METI 有可能是一项因少数人不计后果的好奇和偏执，而给整个人类带来灭顶之灾的冒险行为。因为人类目前并不清楚地外文明是否都是仁慈的。或者说，对地球上的人类而言，即便真的和一个仁慈的地外文明进行了接触，也不一定会得到严肃的回应。在这种情形下，处于宇宙文明等级低端的人类，贸然向外太空发射信号，将会泄密自己在太空中的位置，从而招致那些有侵略性的文明的攻击。因为地球上所发生的历史一再证明，当相对落后的文明遭遇另外一个先进文明的时候，几乎毫无例外，结果就是灾难。

反对 METI 行动的科学家并非仅仅依据猜测，他们的思想是有相当深度的。例如，以写科幻而知名的科学家大卫·布林（David Brin），提出了他称之为“大沉默”（Great Silence）的猜想。他认为，人类之所以未能发现任何地外文明的踪迹，是因为有一种还不为人类所知晓的危险，迫使所有其他文明保持沉默。而人类所实施的 METI 计划，无异于是宇宙丛林中的自杀性呼喊。在一篇文章中，布林提醒 METI 的支持者们：

> 如果高级地外智慧生命如此大公无私，却仍然选择沉默，我们难道不应该……至少稍稍观望一下？很有可能，他们沉默是因为他们知道一些我们不知道的事情。

从宇宙尺度上来考虑，如果没有一个文明认为有向其他文明发射信号的必要，那么 SETI 所实施的单向搜索其实毫无意义，它注定将永远一无所获。

METI 的拥护者当然不会同意这样的观点。作为继阿雷西博信息之后三次 METI 项目的主要发起者和最积极的拥护者，俄罗斯科学家亚历山大·萨特塞夫（Alexander L. Zaitsev）坚持认为，METI 对人类而言，不仅不是一种冒险，而且还非常必要。萨特塞夫认为，人类从外星文明那里获得的，将不是危险而是学问，外星文明可能会传授给人类知识和智慧，把人类从自我毁灭如核战争、生化战争或环境污染中挽救过来。这种想法无疑是对几位 SETI 先驱们所持观点的一种继承。

这种期望地外文明来充当人类“救世主”的想法，发展到极致，就是刘慈欣笔下《三体》中的“地奸领袖”叶文洁了。

只 SETI 不 METI，就安全吗？

一些人士认为，人类只需实施 SETI，而应禁止进行 METI。卡尔·萨根后来也表达了这样的想法，他同意“我们应该监听而不是发射信号”，因为“比我们先进得多的其他宇宙文明，应该有更充足的能源和更先进的技术来进行信号发射”，而我们这样做“是和我们在宇宙中落后的身份相符的”。

不过还有一种看法认为，从地球辐射到太空中的无线电波，比如军方的雷达系统等，早已经很醒目地暴露了地球文明的存在位置，地外智慧生命如果存在的话，迟早都会发现这些信号。所以，对人类而言，现在保持沉默为时已晚。

这种观点作为支持 METI 的间接论据，尽管流传颇广，但并非如它表面看来那样具有说服力。因为一般而言，军方雷达信号在几光年的范围内，就已消散到了星际噪声水平之下，很难被探测到。而通过大型射电天文望远镜（雷达）发射的定位传输信号就不一样，它们的功率比前者强了好多个量级，要容易被捕获得多。

这种争论虽然技术性很强，但由于缺乏实验证据，目前也只能停留在理论思考的阶段。但是，像 METI 这样还没有明确其利弊后果的事情，有什么必要急煎煎去做呢？

寻找外星人的科学故事（三）：火星文明从科学课题变成幻想主题

火星曾经是科学的大热门

火星在我们太阳系诸行星中非常特殊。位置适当的时候，火星可以成为天空中仅次于月亮和金星的明亮天体，它以闪耀的红色吸引了古代东西方星占学家的目光。中国古代称它为“荧惑”，在星占学占辞中，荧惑通常总是和凶兆联系在一起，比如：

荧惑守角，忠臣诛，国政危。

荧惑主内乱。

荧惑者，天罚也。

最严重的火星天象是“荧惑守心”，这是极大的凶兆，汉代的帝王曾经因为这个天象而撤换宰相。

在古代西方，火星始终是战神之星——苏美尔人的Nergal，古希腊人的Ares，直到今天全世界通用的罗马人的火星星名Mars，都是各自神话中的战神。

伽利略1610年发表他用望远镜所做的天文观测之后，火星很快成为最受望远镜青睐的行星。随着望远镜越造越大，对火星的观测成果也越来越丰富，关于火星上的“运河”“人脸”等的绘图或照片，都曾经让一些人热血沸腾。即使对于正统的天文学家来说也是如此，而另一些半正统的科学家关于“火星文明”的研究则更为狂热。

比如 19 ～ 20 世纪之交的美国富翁洛韦尔（P. Lowell），在亚利桑那州建立了一座装备精良的私人天文台，用 15 年时间拍下了数以千计的火星照片，在他绘制的火面图上竟有超过 500 条的“运河”！他先后出版了《火星》（*Mars*，1895）、《火星和它的运河》（*Mars and Its Canals*，1906）和《作为生命居所的火星》（*Mars As the Abode of Life*，1908）等著作，汇集他的观测成果，并表达了他的坚定信念：火星上有智慧生物。洛韦尔用这种方式，成功地“强行”进入了天文学史——如今许多天文学史都会提到他。

大科学家们的火星通信方案

与火星上的文明进行沟通，曾经是 19 世纪欧洲科学界非常时髦的事情。许多在科学上留下过鼎鼎大名的人物，比如物理学家特斯拉（N. Tesla）、发明无线电的马可尼（G. Marconi）、优生学家高尔顿（Sir F. Galton）、数学家高斯（Karl F. Gauss）等，都曾发表过他们设计的与火星文明交流的方案。

高尔顿很可能是最早提出接收火星信号设想的人，1896 年他在《双周评论》（*The Fortnightly Review*）上发表文章，虚拟了火星人主动发送光信号与人类进行沟通的场景，他甚至设计了一组用于两颗星球之间进行简单语义沟通的莫尔斯代码。而特斯拉 1901 年在《科里尔周刊》（*Collier's Weekly*）上发表了名为《和行星交谈》（*Talking with the Planets*）的文章，宣布已经发明出一种向火星发射无线电信号的设备，还声称已经用这架机器接收到了来自火星的无线电信息。不过这些说法后来都未得到确切的证实。

另一位热衷接收火星信号的人物是马可尼，和特斯拉一样，他在 1919 年也声称接收到了“来自其他星球的无线电信号”。由于马可尼在无线电领域的声望，这一消息立刻引来关注，他本人也决定进行接收火星信号的实验。据《纽约时报》报道，1922 年 6 月 16 日，他乘私人游轮 Electra 号穿越大西洋，希望在海上接收到来自火星的信息。不过在随后接受记者采访时，马可尼表示“没有令人激动的消息要向外宣布”。

与前面那类假定火星人可能会主动和人类交流的探索活动相对应的，是设法主动与假想中的火星文明进行交流。

数学家高斯曾设想和假想中的“月亮人”进行交流。1826 年 10 月《爱丁堡新哲学杂志》（*Edinburgh New Philosophical Journal*）刊登一篇匿名文章《月亮和它的居住者》（*The Moon and Its Inhabitants*），其中提到高斯和天文学家格鲁伊图伊森（F. von Gruithuisen）在一次谈话中认为，在西伯利亚平原建造巨型几何图形作为和月亮人交流的标志物是可能的。而在高斯的私人通信中，高斯曾提出过另一种与月亮人进行交流的构想。1822 年 3 月 25 日他在写给天文学家奥尔伯斯（W. Olbers）的信中，提议利用镜面反射日光与月亮人进行交流：“分别用 100 块镜子，每个面积是 16 平方英尺[①]……拼接而成后，这块巨大的镜子就能把日光反射到月亮上……如果我们能和月亮上的邻居取得联系的话，将比美洲大陆的发现要伟大得多。”

高斯设想的方案很大程度上与他的数学家背景有直接关系，在他看来，几何图形法则应该是一种外星文明能够理解的原理，作为一种交流手段既简洁又有效，而这些方案后来成了不断被提及的经典构想。1909 年，美国天文学家皮克林（W. Pickering）发表文章，提出通过巨型镜面反射日光作为与火星交流的信号，在当时受到了广泛关注。《纽约时报》甚至辟出版面进行了连续报道。一些科学人士在参与讨论的过程中又提出了各种替代方案，而它们实质上都是高斯当年的另一方案——巨型几何图形方案的复本。

无线电交流方案最积极的探索者，或许仍当数特斯拉。在 1900 ～ 1921 年的 20 年间，特斯拉在科学杂志和报刊上先后发表近十篇文章，阐释他向火星发送无线电信号的构想。1937 年他在自己 81 岁的生日宴会上，宣布已经成功制成一架“星际传送装置”，并声称通过这一装置把能量传送到另一颗行星上，无论距离多远都是有可能的。他还透露，他可能即将签订制造这项设备的合约。不过，这架

---

① 1 英尺 =0.3048 米。——编者

特斯拉所声称的“将被永久铭记”的装置，直到1943年他去世时，始终没有出现在世人面前。

火星文明转变为幻想主题

上面这些与火星文明进行通信的方案，都是被当作认真的科学活动来进行的，阐述这些方案的文章也大都发表在当时的学术刊物上，而且参与者中不乏在科学史上大名鼎鼎的人物（比如马可尼、高斯等）。也就是说，在当时，这是一个严肃的科学课题，是一个被主流科学共同体所接纳的研究方向。

但是，随着科学的进展，人类对火星的了解越来越深入，这些课题和活动就逐渐被遗忘在了故纸堆中。因为现在大家知道火星上几乎没有液态水，几乎不可能存在类似我们在地球上所见到的生命，当然也就不会有什么“火星文明”。于是“火星文明”从一个科学课题变成一个幻想主题。

人类创作关于火星文明的幻想作品，已经超过一百年。1898年，威尔斯（H. G. Wells）发表了小说《星际战争》（*The War of the Worlds*），讲述火星人入侵地球的故事。1953年，根据这部小说拍摄了同名电影（即通常所说的《大战火星人》）。52年后，又一部斯皮尔伯格导演的同名电影上映。除了这个在科幻史上有“贵族出身”的影片系列，还有更多关于火星文明的电影，比如在影片《红色行星》（*Red Planet*，2000）中，火星大气已经被改造成人类可以呼吸的状况。又如影片《火星任务》（*Mission to Mars*，2000），讲述火星上的高等智慧生物曾经发展了极为先进的文明，它们已经借助大规模的恒星际航行，迁徙到了一个遥远的星系，临走时它们向地球播种了生命——所以地球上的所有生命都来自火星……

毫无疑问，在太阳系各大行星中，迄今为止火星是最受科幻创作者青睐的。

曾让天文学家神魂颠倒的“火星运河”

“火星运河”概念的形成

我在其他文章中谈到过火星在 19 ～ 20 世纪之交曾经是天文学界乃至科学界的大热门。这个热门的形成，最主要的原因就是“火星运河”。

“火星运河”在今天听起来很像一个科幻题材，但它当年却曾是一个彻头彻尾的天文学课题。这个概念的形成过程中，每一步都有充分的科学基础。

威廉·赫歇尔可以说是这一概念的奠基者。那时欧洲的望远镜越造越大，越造越好，而且欧洲的天文学家们带着这些望远镜去往世界各地进行观测，提供了丰富的观测资料。威廉·赫歇尔就是这些人中重要的一员，他在 1784 年的一篇论文中，从火星的公转及自转运动、轨道倾角、公转周期等方面和地球作了比较，指出“在整个太阳系中，火星和地球的相似性可能是最大的”，他的这些意见都得到了后来天文学发展的证实。

赫歇耳还相信“火星有着充沛而又非常适宜的大气条件，它上面的居民享受的环境在许多方面和地球是一样的”，这一点虽然未能被后来的发现所支持，但在当时和前面各点结合在一起，给人以“火星是另一个地球”的强烈印象，也建构出了巨大的想象空间，期望中的“火星人”简直就呼之欲出了。

1877 年火星大冲，这是特别宜于观测火星表面的机会（尽管此时火星的视圆面还不到满月的 1/70），意大利天文学家夏帕雷利（G.

Schiaparelli）在由他担任台长的米兰布雷拉天文台，观测到了火星表面有许多纵横交错的网状结构。在次年一篇冗长的论文中，夏帕雷用意大利文 canali 指称他所观测到的这种现象。在意大利文中，canali 既可以表示“河道”（channel），也可以表示“运河”（canal）。这两者实有巨大差别：“河道”当然是自然地理现象，而“运河”就是人工挖掘建造的了。

这时一个非“科学”的环节在这里出现了——尽管夏帕雷利本人认为他观测到的网状结构只是火星表面的天然地貌，但 canali 这个词不知为何在翻译成英语时被译成了 canal——运河。这个词汇强烈暗示着火星上有智慧生命，因为它们能够挖掘建造运河。考证这个误译的起因是困难的，但可以猜测的是，它多半与当时人们期盼在火星上发现智慧生命的主观愿望有关。

至此,“火星运河”概念建构完成。它将让许多天文学家神魂颠倒。

狂热的洛韦尔和天文学家们的站队

夏帕雷利持续进行火星观测，在稍后发表的火星观测报告中，他宣称又观测到了一种新的火星地貌“双运河”，并附上了他根据观测新绘制的火星地图。夏帕雷利的火星观测结果引发了无数争论，但他最重要的成果，也许是引发了波士顿的美国富翁洛韦尔（P. Lowell）的好奇心。

1894 年，火星再次接近有利于观测的大冲位置，洛韦尔居然放下了手中的大部分生意，在亚利桑那旗杆镇建立起一个装备精良的私人天文台，并自任台长，全力进行火星观测。看来此时他对天文学的热爱早已超过了对生意的关注。

这时已经有越来越多的人开始对火星表面观测发生兴趣，其中包括业余的和职业的天文学家。进行这种观测需要精良的望远镜，还需要稳定的大气条件，以及足够的观测技巧和耐心。洛韦尔原是不折不扣的业余天文学家，职业天文学家也不大看得起他，但他以他的勤奋和狂热，最终似乎硬挤进了职业天文学家的行列——毕竟，当一个商人放下生意，改任天文台台长之后，他为什么不可以算“职业”的呢？

洛韦尔15年间拍摄了数千张火星照片，在他绘制的火星地图上有500多条“运河”。他先后出版《火星》（*Mars*，1895）、《火星和它的运河》（*Mars and Its Canals*，1906）和《作为生命居所的火星》（*Mars As the Abode of Life*，1908）等书，汇集他的观测成果。洛韦尔坚信：火星上确实有智慧生物。由于《火星》一书的畅销，洛韦尔的观点比看不起他的职业天文学家有更多机会被公众了解。

正在用望远镜观测的洛韦尔

这里不妨顺便提到洛韦尔的另一项重要工作——他计算一颗当时尚未被发现、但他坚信存在着的“X行星”。当时太阳系所知最远的行星是海王星，洛韦尔坚信他的“X行星”还在海王星之外。天文台的研究人员曾付出艰巨努力，试图找到这颗“X行星”，但当洛韦尔1916年辞世时，“X行星”仍未找到。后来冥王星的发现，当然可以给九泉之下的洛韦尔以巨大安慰。然而前几年冥王星“行星资格”的失去，恐怕又会使洛韦尔泉下深感遗憾了。

“火星运河”当然不是业余天文学家或私人天文台的禁脔，“职业天文学家”在这个大热门上也没闲着。据我的已经毕业的学生穆蕴秋博士考证，当时天文学家在“火星运河”问题上分成两大阵营。

在支持洛韦尔信念、坚信火星上有高等智慧生命开掘建造运河的阵营中，今天看来名头最大的或许当数法国的弗拉马利翁（C. Flammarion）了——他其实也是从“业余”开始最终硬挤进“职业”行列的。弗氏在他的私人天文台上进行了大量火星观测，宣称他发现了60余条“火星运河”和20余条“双运河”，并且在他自办的杂志上和自己撰写的书中，大力宣传他的发现和信念。此外还有托德（D. Todd）、斯莱弗（V. M. Slipher）、布伦纳（L. Brenner）等人。

反对洛韦尔观点的阵营中，明显以职业天文学家居多，包括在天文学史上名头很大的纽康（S. Newcomb）、英国叶凯士天文台台长海耳（G. E. Hale）等人，甚至还有著名的生物学家华莱士（A. R. Wallace）。比较戏剧性的有道格拉斯（A. Douglass）和安东尼亚第（E. M. Antoniadi）两人——前者曾是洛韦尔的追随者，后者则曾是弗拉马利翁的追随者，他们后来都“反叛”了。反对派大多认为，那些被观测到的“火星运河”，或者是视觉幻象，或者是火星上的自然地貌。

“火星运河”的科学史意义

“火星运河”是一个被后来的科学发展否定的概念，围绕这个概念所进行的一系列观测、发现、争论等，在传统科学史框架中也就被归入“错误”“失败”之列。而按照传统的科学史观念，科学史是只处理“善而有成”之事的，“火星运河”属于“无成”之事，所以它不仅被清除出科学史殿堂，而且被逐出科学史视野。你如果去读一本传统框架的科学史著作，“火星运河”至多只是被作为天文学发展过程中走过的“弯路”而提到一句，甚至完全不被提起。不仅“火星运河”是如此，几乎所有被后来发展所否定的概念，都难逃同样的命运。

但是，这样的待遇是公平的吗？

首先，“火星运河”问题是和一系列科学问题如火星生命、火星大气、火星上的水等密切相关的，它们一度成为 19 ～ 20 世纪之交天文学领域最被关注的问题。所以“火星运河”争论的启发意义是毋庸置疑的。

其次，在很多情况下，如果没人走“弯路”，人们能知道“直路”在哪里吗？如果只看“善而有成”的部分，只承认“善而有成”的才算科学的历史，这实际上和寓言中造三层楼却不要底下两层、吃三个饼吃饱后认为不需要吃前面两个是一样的。看寓言故事时大家都知道这样想的是蠢人，但在面对科学的历史时却往往意识不到这一点。

最后，说到底，人类对火星的了解还远远不够，谁知道在数十亿年的时间长河中，那颗行星上曾经发生过什么呢？

火星殖民计划：商业骗局和科学梦想

私人公司的“火星一号”殖民计划

2013 年度中国媒体上最引人注目的“科学新闻”之一，是所谓“火星一号”计划。5 月初，一家荷兰私人公司，公开的身份是非盈利组织“火星一号”（Mars One），宣布面向全球招募志愿者，准备 2023 年发射飞船向火星殖民。在媒体的报道和渲染下，据说全球已有 20 余万人报名，其中中国的报名者约有 1 万人。随后新的消息出现，说该项目的“总部”居然是在一处出租屋中，这让人怀疑“火星一号”项目迹近骗局，不久荷兰公司也改口宣称计划难以实施，但报名费无法退还云云。

这个所谓的火星移民计划，表面上看倒也头头是道，例如在宣传材料中，这个项目有如下的任务时间表：

2011 年，公司提出火星殖民计划；

2012 年，与美国 Space X 等公司磋商，计划将第一艘私人货运飞船送上国际空间站；

2013 年，在纽约举行新闻发布会，宣布进行项目的宇航员选拔工作，公司将于 2013 年开始培训宇航员，同时记录下整个宇航员挑选和培训过程；

2014 年：建造首个通信卫星；

2016 年：用飞船将 2500 千克食物送至火星；

2018 年：将探测器送至火星，为人类聚居地选择地点；

2021 年：用飞船将人类聚居地的居住单元、生命支持单元和供给单元各两个运至火星；

2023 年：首批 4 名志愿者登陆火星；

2025 年：第二批 4 名志愿者登陆火星；

2033 年：火星人类聚居地的成员人数达到 20 名。

两年时间过去，这个计划看来还未寿终正寝，最近甚至还对媒体展望起“火星殖民自治政府”之类的前景来了。不过，当这个计划两年前大举“登陆”中国时，我一开始就对媒体表示，这是一个完全不靠谱的计划。

“火星一号”计划和人类现有科技能力的差距

其实只要对人类现有的航天能力稍有了解，一看上面那个任务时间表，就知道这个计划完全不靠谱。

“火星一号”计划要在 2023 年送 4 名志愿者前往火星移民——注意是“移民”不是“登陆”。而且该计划明确宣称，这 4 名志愿者去往火星是“单程票”，即到了火星就不回来了。这意味着什么呢？

首先，这意味着需要在火星上建造起一个能够让人类长期生活在其中的、能够可持续自我循环利用的封闭系统，因为火星上没有适合人类呼吸的空气。但这样的封闭系统目前在地球上还只在实验阶段，许久未见真正成功。

更大的问题是，即使这样的系统实验成功，如果先在地球上建造完成，其体积和重量都必将远远超出人类目前拥有的行星际运输能力。在上述任务时间表中，这项工作需要在 2021 年完成，距今只剩 5 年了，但目前不仅要运送的单元还没造出来，运输工具和能力也未见到任何能在数年间跨越式突破的端倪。如果到火星上现场装配建造，难度更是无法想象：原材料和施工机械以及器材如何运往火星？谁去建造？让这 4 名志愿者穿着宇航服在火星上施工当然是无法想象的。

此外还有许多相对较小但也难以解决的问题。比如火星上的重力只有地球上的三分之一多一点，人类长期处在这种环境中能适应吗？身体会不会发生问题？这在现在是未知的。又如那个维持 4 人长期生活的封闭系统的能源问题如何解决？以现有的航天技术，飞船携带的能源必定绝大部分消耗在航行中了，火星上当然没有现成的核电厂，即使考虑太阳能发电，同样需要一大堆设备，如何运送上去？

再往下想，既然是“殖民”，当然要长期在火星上生活下去，那要不要种庄稼当粮食？要不要捕鱼打猎或人工饲养家禽家畜？可是火星上连水都没有，这一切从何谈起？要想在火星上殖民，必然需要长期的大规模建设，十年时间，靠一家私人公司，能够干什么？

这里我们不妨对比一下 NASA 近期提出的火星航天计划——打算在 2030 年代中期（比如说 2035 年左右）将宇航员送往火星。这个计划的难度比“火星一号”小得多，因为宇航员是要回到地球的，所以只需要类似宇航员登月时的短期生命保障系统即可。而 NASA 所能动用的资源，总比这家名不见经传的荷兰私人公司要大得多吧？但 NASA 的计划中，登陆火星的时间还比“火星一号”计划要晚十多年。而且，就是 NASA 这个远比“火星一号”保守的计划，还被应美国国会要求而组建的一个专家委员会判断为“根本不会成功”。

科学家对火星殖民的展望和设想

其实，从 1962 年开始，人类实施过的火星探测活动，已经不下 30 余次，绝大部分都是由美国和苏联 / 俄罗斯进行的。虽然其中许多次是失败的，但美国和苏联都曾经成功地使自己的探测器着陆于火星上，所以人类对于火星已经有了相当的了解。考虑到至少近两百年来，火星一直是太阳系天体中人类最主要的幻想对象，也是太阳系天体中人类殖民活动最主要的假想对象，所以科学家确实也曾经对人类殖民火星做过比较严肃认真的思考——这种思考介于技术展望和科学幻想之间。

人类如果要将火星建设成为“第二个地球”并在上面长期生活，最大的问题是火星上的大气。由于火星的重力只有地球的三分之一多一点，它无法留住较为稠密的大气层（一些科学家相信它曾经拥有过）。如今它残剩的大气层极为稀薄，只有地球大气密度的 0.8% 左右，在这样的环境中人类是无法生存的。对比重力只有地球六分之一的月球，它上面就完全没有大气层了，赤裸裸暴露在紫外线和各种宇宙射线的辐射之下；而且太阳一照到就极热，太阳一落山就极冷，成为一个几乎死寂的世界。如今的火星和月球相比，也好不到哪儿去。何况火星比地球离太阳远得多，对人类来说那里还是一个严寒的世界。

科学家设想，最初去往火星的先驱者们，只能生活在有人造空气的封闭空间里。但这对于想象中的殖民家园来说，当然不是长久之计。对于如何在火星上制造出一个类似于地球的大气层，科学家们已经设想过多种方案。在有些科学家看来，此事也是可以乐观的。但是即使火星大气真的能够制造出来，最致命的难题是，在可见的将来，人类当然还不可能改变一个天体的重力，那如何保持住这个制造出来的火星大气层？这是迄今为止尚无良策的。

所以，人类探索火星还只是刚刚起步，前途漫漫，而火星殖民更是一个遥远的梦想。要接近这个梦想，人类首先要大大提升航天能力（速度和投送能力）；而要实现这个梦想，就必须解决火星大气问题，以及一大堆别的问题。

当“火星一号”计划的骗局性质逐渐明朗后，国内有些媒体为了间接给自己先前的讴歌报道作辩护，就继续赞美那些上当受骗者，比如“每个人都有追求，我喜欢航天，我有航天梦，我愿意为它埋单”，或者说“即使‘火星一号’计划被证实为一场商业秀，也不能因此嘲笑报名者的航天梦想”。这里顺便可以提到一点：对于前往火星这样长距离的行星际航行而言，谁都知道对宇航员的要求是非常高的，但是在“火星一号”计划的闹剧中，该公司却采用“海选”的方法征集志愿者，而且门槛极低，同时要求交报名费，这就明显露出了敛财的痕迹。仅仅注意到这一点，这个计划就非常可疑了。

航天梦想当然不应嘲笑，静观“火星一号”这样一场商业骗局能够进行到何种地步，也是有些趣味的。但愿它除了让人们损失一点金钱，不会造成别的伤害。

《火星救援》能告诉我们什么？
它就是NASA的宣传片

《火星救援》背后的 NASA

商业电影都是需要营销的。根据媒体给我的感觉，《火星救援》的营销至多只能算中等力度，不过这已经足够让中国公众经常在媒体上见到关于它的报道和谈论了，特别是当它在中国公映的这段时间。在这些报道和谈论中，NASA 的身影不时悄然浮现。

NASA 的标志

先看看 2015 年几件事情的时间表。

9 月 28 日：NASA 召开新闻发布会，宣称在火星上发现了“存在液态水的强有力的证据”。顺便指出，这个宣称经常被媒体“简化”成“在火星上发现了水”，而这样的“简化”是完全错误的，因为那些“强有力的证据”也可能用液态水之外的原因来解释。

10 月 2 日：《火星救援》在美国上映。

10 月 9 日：NASA 公布了 2030 年人类登陆火星的详细计划。

如果你认为上面的时间表仅仅是巧合的话，那么再看看在影片《火星救援》拍摄过程中 NASA 都做了些什么——真应该将“优秀科普活动奖”颁发给他们啊！

NASA 邀请小说原作者安迪・威尔（Andy Weir）去访问休斯敦的约翰逊航天中心，让他驾驶火星车，让他操作国际空间站的摄像头，让这个科学爱好者兴奋得无以复加，感觉此行“是他人生中最美好的一周”。而对于影片的导演雷德利・斯科特（Ridley Scott），NASA 更是待如上宾，派了行星科学部主管去接待他，还让大导演去看太空生活舱是何光景，飞行器是什么模样、如何操作，宇航员如何吃饭等，好像“保密”问题也不存在了。NASA 的科学家甚至帮助影片设计道具，比如影片中的那个“放射性同位素热交换器”。

老于世故的媒体记者已经看出，《火星救援》是在救援 NASA，因为他们现在经常面临经费削减的问题。在阿波罗登月的时代，NASA 的预算曾经占到美国联邦总预算的 4%，而如今只占 0.4% 了！所以这回 NASA 积极配合大导演，成功地将《火星救援》拍成了一部 NASA 的宣传片。

雷德利・斯科特居然导演《火星救援》……

影片《火星救援》的导演斯科特，也可以算科幻电影史上泰斗级的人物之一了。

据斯科特自述，他 40 岁那年（1977）：“看了《星球大战》，我傻眼了，我对我的制片人说：我们还等什么？这么棒的东西居然不是我拍的！”于是他急起直追，1979年导演了《异形》（*Alien*），1982年导演了《银翼杀手》（*Blade Runner*）。当年《银翼杀手》初问世，票房惨淡，恶评如潮，但曾几何时，声誉扶摇直上，成为科幻影片中的无上经典，到2004年英国《卫报》组织60位科学家评选“史上十大优秀科幻影片”时，斯科特竟独占两席：《银翼杀手》以绝对优势排名第一，《异形》排名第四。如今谈论科幻影片的人，一说起《银翼杀手》，谁不是高山仰止？《银翼杀手》通过仿生人的人权（当然可以平移到克隆人、机器人）、记忆植入、外部世界的真实性、反乌托邦等多重主题，展示了极其丰富和深刻的思想性。

斯科特又被称为“《异形》之父”，因为他导演的《异形》后继之作不绝，1979年、1986年、1992年、1997年，四部《异形》分别由四位导演执导，由于后来他们全都大红大紫，遂流传出“拍《异形》导演必红”的神话。而四部《异形》本身，则成为科幻电影的一个经典系列，而且每一部票房都不俗，堪称既叫好又叫座。2012年斯科特回归《异形》，又导演了在故事上作为《异形》前传的《普罗米修斯》（*Prometheus*，也被称为《异形Ⅴ》）。斯科特在《普罗米修斯》中深刻探讨了造物主和被造物之间那种永恒的不信任、恐惧和对抗。

按理说，一个在科幻影片上曾有过如此成就的导演，理应对影片保持很挑剔的眼光，《火星救援》这样比较低幼的作品，毫无思想深度，基本上只是一部“科普影片”，他怎么可能看得上呢？

当然，导演们很可能有另外的考虑。斯科特自己对媒体表示，他挺喜欢《火星救援》这个故事：“因为它有幽默感，生气勃勃。主人公的勇敢和毅力，各国太空署的合作，还有宇航员之间的团结和默契，其中所有的情感都非常精彩，感人至深。”如果说真是这些打动了斯科特，那倒是和《火星救援》打动一部分中国观众的原因相同。然而这些都并非是科幻电影所独有的，完全可以在各种类型影片中得到反映。不过既然斯科特表示，他的风格是“像一个小孩一样，随心所欲，喜欢哪种故事就拍哪种故事”，也许人家并没太将自己“科幻经典导演”的形象当回事，一时兴起拍个把低幼影片玩玩，自然亦无不可。

从《火星救援》想到克拉克的“硬科幻”

斯科特导《火星救援》，让我联想到了《2001太空漫游》（*2001, A Space Odyssey*）的小说作者阿瑟·克拉克（Arthur C. Clarke）。这部小说总是被人们和1968年的同名经典科幻影片联系在一起，其实两者几乎是同步创作，并非电影改编自小说这样的关系。克拉克“太空漫游”系列小说共有四部，依次为《2001》《2010》《2061》和《3001》。比较奇怪的是，克拉克最为自豪的并非他小说的深刻之处，并非他小说中对宗教、人性等的思考，却是他小说中鸡零狗碎的科普性质的“预见功能”。

克拉克在创作持续30年的“太空漫游”四部曲中，写过许多篇前言、后记，在这些文字中他反复提到自己小说中某些与后来航天技术吻合的细节，引以为荣。这些细节归纳起来其实也就是三件琐事：一、阿波罗13号飞船出故障时宇航员向地面报告的语句，与他小说类似情节中的语句非常相近；二、通信卫星“棕榈棚B2”发射失误的情节，与他小说中的某处情节类似；三、电影《2001太空漫游》里木星的一连串画面，与旅行者号宇宙飞船所拍摄的画面“其相似之处令人拍案叫绝”。

关注和展现科学技术细节，对一部分科幻读者和观众具有相当的吸引力，这被尊称为“硬科幻”——在通常的语境中，这似乎要比因较多关注思想性而较少科学技术细节的“软科幻”更胜一筹。

但是，如果科学技术细节能够赢得赞誉，那么这些细节需不需要准确？比如这次的《火星救援》，注重科学技术细节，还完成了为NASA拍宣传片的爱国主义任务，但影片开头那场作为全片故事起因的风暴，很快被人指出因为火星大气极为稀薄（不足地球的百分之一）所以是不可能的。影片最吸引人的“种土豆”科普故事中，也有许多经不起仔细推敲的细节：火星上那点阳光够不够地球上的土豆品种生长之需？“塑料大棚”里的空气如何能长期供应？影片中的“造水工程”能否持续？后来的情节中问题就更多了：将救生舱去掉顶盖代之以蒙布、让宇航服漏气以获得动力等，都是经不起严格推敲的。

如果面对这些问题，就采用“幻想电影不必严格符合科学技术原理”来辩护，那为什么又因为在影片中看到一些科学技术细节就大表敬意呢？如果在科幻作品创作中提出这样一个口号：要细节不要准确！笔倒是不难接受，但“硬科幻”的崇拜者们能接受吗？失去了准确性，“硬”又从何而来呢？

电影中的科学知识必须准确吗？再谈科学家与电影人之同床异梦

科学家也想给电影人上课

我以前写过“好莱坞编导给科学家上课”的故事，此事发生于2004年。其实，科学家也很想给好莱坞电影人上上课。

2008年，美国成立了一个“美国国家科学院科学与娱乐交流协会”，协会的宗旨是“建立科学家和工程师与电影及电视节目制作人士之间的纽带，提供娱乐所依赖的可信和逼真品质”。会长Jennifer Ouellette认为，“目前美国有着一股非常强烈的反科学风气，一些人就是不喜欢科学”。协会宣称，交流的目的是通过正确反映科学和正面刻画科学家的形象，让公众更热爱科学，并吸引更多的人投身科学生涯。这样的宗旨和目的，倒是与我们这里传统“科普”的宗旨和目的如出一辙——在传统“科普”日益没落的挽歌声中，中国和西方的科学家不难找到他们的共同语言。

科学家给电影人上课，当然有正面表扬和反面批评两个途径——如同他们在课堂上给学生上课一样。

正面途径是表扬某些电影。例如在被《自然》杂志评论的影片中，《接触》（*Contact*，1997）和《海底总动员》（*Finding Nemo*，2003），被认为是既有较好票房又能准确反映科学内容的代表作品。前者的“科学术语的运用是准确的，虽然这是以丧失某些艺术上的美感来换取的”，而后者的“科学准确性给许多海洋生物学家留下了深刻印象”。

不过，好莱坞被科学界认可的电影其实少之又少。《接触》是根据卡尔·萨根的小说改编的，而萨根可是科学共同体的正式成员，所以这部影片的“科学血统”是罕见的。而《海底总动员》的导演虽然也极力想保持科学的准确性，例如当生物学家迈克·格雷汉姆则说他无法忍受画面中出现的一种生长在冷水中的大型褐藻被画在了珊瑚礁中间时，导演就把每个画面中的这种藻类都移除了——据说做这样的改动花费不菲；但是为了推动剧情发展，他终于还是未能做到在科学上百分之百的真实。

反面途径当然是批评某些科幻电影——那就信手拈来比比皆是了。例如1998年《自然》杂志上对当年上映的两部科幻电影《天地大冲撞》(*Deep Impact*)和《绝世天劫》(*Armageddon*)都有批评：说前者的故事中，如果原始的彗星是向地球撞击而来，那么爆破后应该是它的质心而不是两块碎片中的任意一块撞向地球。后者则被指出多处草率的疏漏，比如如果电影中所说将要冲撞地球的小行星大小和得克萨斯州差不多大，那在到达地球前18天，它的亮度应该已经达到猎户座恒星的亮度，不可能直到临近才被发现；而要劈开一颗这样大小的小行星需要的能量，相当于地球上现有核武库的百万倍。

事实上，要在科幻电影中挑出类似的错误，实在是太容易了。确实也有这样的科学家，专门写了书来挑电影中的科学错误，而且津津乐道，仿佛电影人及观众的“愚蠢”可以“衬托出他自己英俊的科学面庞”。但是在我看来，这种批评很有些类似煮鹤焚琴。因为这牵涉到另一个问题。

电影中的科学知识必须准确吗?

2010年，《自然》杂志上的一篇文章在谈到电影中的科学时相当愤慨：“所有的科学技术都臣服在好莱坞脚下。”——因为“电影通常都是在歪曲科学本身。龙卷风、火山、太空飞船、病毒等，服从的都是好莱坞的规则，而不是牛顿和达尔文的规则”。文章还认为，“电影中描绘的研究者和现实实验室中的研究者很少有共同之处。银幕上的一些科学家是被英雄打败的恶棍，另一些则因其与众不同的鲁莽而具有威胁性，还有一些则是独自一人在深山老林中寻找治癌方法的异类”。文章所归纳的好莱坞影片中的科学家形象，倒是相当符合好莱坞科幻电影中的一般情形。

但问题是，电影人和科学家，如果他们试图合作的话，是注定要同床异梦的。因为科学家总是一厢情愿地希望通过电影来宣传科学，而电影人却总是将科学当作利用的资源，就像文学、历史、哲学、艺术、政治、军事……那样，都是被他们利用的资源。电影人追求的是电影的票房大卖或得奥斯卡奖——他们不会去指望得诺贝尔奖。所以紧接着的一个问题就是：电影中的科学知识必须准确吗？

许多科学家会认为：当然必须准确。许多一般公众也会同意这个意见。但我们是不是应该想一想，为什么在电影利用文学、历史、哲学、艺术、政治、军事……作为资源时，我们对其“准确”的要求就不那么高呢？比如我们能够容忍对历史的“戏说”（尽管有些执着的历史学家也不能容忍），为什么就不能容忍对科学的“戏说”呢？换句话说，我们实际上已经暗中假定了，科学在这个问题上和别的知识不一样。这种假定，其实正是唯科学主义的重要表现之一。因为唯科学主义认为，科学是神圣的，科学是凌驾于一切别的知识体系之上的；所以在人们谈论科学时，在电影利用科学时，对科学的反映都必须准确，就好像对宗教教义的陈述必须准确一样。

经常被用来为“戏说”历史辩护的一条理由是：观众知道影视作品不是历史教科书，他们如果要想获得准确的历史知识，自然会去教科书或工具书中寻找。这条理由完全可以原封不动地移过来为“戏说”科学辩护：观众知道影视作品不是科学教科书，他们如果要想获得准确的科学知识，自然会去教科书或工具书中寻找。

既然如此，电影中的科学知识又为何必须准确呢？准确当然很好，但不准确亦无不可。

“这只是一部电影”

当年萨根为电影《接触》中采用什么手段进行时空旅行，专门请教了物理学家索恩，索恩建议他以虫洞作为时空旅行手段。萨根还曾请来科学界的一些知名人士对影片内容进行推敲，还为他们开设了一套专门的参考书目，其中包括索恩的《黑洞与时间弯曲》（*Black Holes and Time Warps*）和加来道雄的《超越时空》（*Hyperspace*）。

然而这只是特殊情形，绝大部分由电影人制作的电影，哪怕是科幻电影，也不会对科学如此“恭顺”。2009年《自然》杂志上一篇关于当年圣丹斯电影节的报道说：一位天体物理学家表达了他的失望，认为圣丹斯电影节上出现的118部电影中，没有任何一部描述了正常工作的普通科学家。不过影片《少数派报告》（*Minority Report*）和《钢铁侠》（*Iron Man*）的科学顾问对此表示了宽容：“最好的电影传达的是思想，形式并不是那么重要”。

2010年D. Sarewitz在《自然》杂志上的文章指出：为什么伟大的科幻电影——从《弗兰肯斯坦》（*Frankenstein*）、《2001太空奥德赛》（*2011 Mars Odyssey*）到《黑客帝国》（*The Matrix*）——的故事情节都是充满警示色彩和矛盾张力，而不是简洁和现实主义戏剧风格的？因为它们都设置了虚构的困局和放大了的人物形象，而这样的困局和人物形象恰恰是“科学与娱乐交流协会”想要净化掉的东西。因为协会要求大众娱乐传媒向人们展示更加真实的科学家形象，呈现更加准确的科学背景。我想按这种标准弄出来的电影，多半会落得乏人问津的下场。

当年影片《侏罗纪公园》（*Jurassic Park*，1993）上映后，《自然应用生物学》（*Nature Biotechnology*）上的文章批评它缺乏科学准确性，影片故事的作者迈克尔·克莱顿——曾经的科学共同体成员，后来成为职业小说家和电影人——在给杂志的一封来信中轻巧地回应说：“正如希区柯克曾经说过的——这只是一部电影”。

UFO谈资指南

UFO已经被人们谈论半个多世纪了，照理说早已成为老生常谈，然而奇怪的是，一直有许多人对它乐此不疲，不仅在日常生活中会遇到许多这样的人，媒体也不停地做着各种关于UFO的报导和采访。

在几乎所有谈论UFO的人心目中，它其实并不是字面上的“不明飞行物”这个意义，而是“智慧外星人的宇宙飞船”。事实上，只有后面这个意义才会让它具有被谈论的价值。以下本文也始终使用这一意义。

什么人不谈论UFO？

半开玩笑地说，世界上的人可以分成两类——谈论UFO的和不谈论UFO的。我更愿意先分析不谈论UFO的人群。

第一，以我在中国科学院上海天文台工作15年的经历，可以很有把握地说，“主流科学共同体”不谈论UFO。事实上，他们羞于谈论UFO，耻于谈论UFO。一方面当然是因为谈论UFO无助于他们拿到科研经费和项目——不仅无助，反而有害——一个科学家如果经常谈论UFO，他甚至在申请别的课题时也会因此而受到消极影响。另一方面，也是更为重要的，是因为“主流科学共同体”通常认为，UFO这类话题有着浓厚的“伪科学”色彩，“严肃的科学家”谈论它是不适宜的。

第二，政府官员从来不在公开场合谈论UFO。但这并不排除他们在私下场合，以一个普通人的身份和朋友聊天时，也会问“UFO到底有没有啊？”“你相信UFO吗？”这样的问题。政府官员不谈论

UFO 是有原因的，因为这后面有一条暗含的推理链条：

以人类今天的科技能力，只能在地球附近活动；

我们没有在地球附近乃至整个太阳系发现别的智慧生物；

所以 UFO 如果是智慧外星人的宇宙飞船，它们必定来自更远的星球；

它们既能从地球人还无法到达的远方来到地球，它们的科技能力必定大大超越人类；

想想看，一个拥有超越人类科技能力的天外来客意味着什么？它必然意味着对现有政府权威的挑战，或至少是潜在的挑战。

所以，政府官员不在公开场合谈论 UFO，这一点国内外都是一样的。因为从维护政府权威、保持社会稳定等角度来看，政府官员谈论 UFO 都是不适宜的。

第三，像我这样曾受过严格科学训练但如今已不在科学前沿工作的人，通常也不谈论 UFO，因为觉得这个话题既没意思，也乏趣味。不过——哈哈，写专栏时例外。

到底有没有 UFO 的证据？

谈论 UFO 的人，也可以分成几类。他们在某种意义上可以成为上述不谈论 UFO 的三类人的镜像。

第一类，是民间科学爱好者。他们很不喜欢“主流科学共同体”对待他们和他们的 UFO 话题的傲慢态度。当然，他们也很不喜欢“主流科学共同体”所颁布、所奉行的所谓“科学标准”——这种标准之一，是要求实验可重复。而民间科学爱好者宣称自己所看见、所经历的 UFO 事件，通常都无法进行科学家所要求的重复。

第二类，有着愤青情怀的人，他们希望挑战一切权威。当科学权威认为谈论 UFO 没有意义，或者是“伪科学”时，他们就更要谈论。当政府官员让媒体上的 UFO 讨论“刹车”时，他们就在网上谈论得更加热烈。由于他们通常对现实不够满意，渴望变革的发生，所以在他们的潜意识里，也许期盼着某种外星超级力量的降临。对这种潜意识想象到极致，就成为刘慈欣小说《三体》中的叶文洁。

第三类，又是像我这样的人。虽然感到UFO话题没什么意思，但并不拒绝与媒体打交道，所以也不时被动地谈论UFO——通常都是接受报刊采访或做电视节目。

关于UFO我始终强调两点：

第一，迄今为止，尚无被科学共同体公开正式认可的UFO证据。

第二，不能排除UFO存在于宇宙中，或降临到地球上的可能性。

这第二点颇有些“两边不讨好”，UFO的爱好者感到太软弱乏力，却又不能与“主流科学共同体”的立场一致。

国内的“主流科学共同体”倾向于认为，除了地球人类，宇宙中并无其他智慧生命。比如我的老上级、中国科学院上海天文台前台长赵君亮教授，在一次天文学会年会的报告中就是这样认为的。这让我联想起北京大学哲学教授吴国盛的观点：外星人只是现代人发明的一种神话，为的是可以在“外星人”旗帜的掩护下谈论各种超自然能力和现象——没有这个掩护而谈论超自然能力和现象就会被视为“伪科学”。他的见解和赵台长的见解相配合，倒是颇有异曲同工之妙。

至于那些UFO爱好者所提供大量的“证据”——UFO目击报告（包括文字、照片、录像），被UFO劫持的经历叙述等，因为始终无法满足“实验可重复”的科学标准，况且其中还充斥着虚假的陈述，“主流科学共同体”是不会认真对待的。

但是在UFO爱好者看来，这些“证据”早已足够证明UFO的存在，足够证明外星智慧生命的存在，也足够证明这些文明曾经到达过地球。他们和“主流科学共同体”的分歧，主要在判别标准上。从终极的意义上来说，“实验可重复”也未必就是放之四海而皆准的永恒标准。况且“主流科学共同体”也从来没有给出过“外星智慧生命不存在”的任何证明。所以我们当然不能排除UFO存在于宇宙中，或降临到地球上的可能性。虽然目前国家尚无必要用纳税人的钱去资助UFO研究，但对于民间的自发研究则应持宽容态度。

记得有一次记者问我：您说在今天，“主流科学共同体”到底要怎样才肯承认 UFO 的存在？我说，按照今天的情形，除非有一艘 UFO 飞船大白天降落在华盛顿广场上，长期停留，万众目睹——这正是电影《地球停转之日》(*The Day the Earth Stood Still*，1951) 中的场景，“主流科学共同体”才肯承认。

UFO 影视作品提要

相关的影视作品本来是 UFO 话题最重要的谈资之一，但 UFO 爱好者往往不太注意。这里略谈几部比较重要的。

60 多年前的《地球停转之日》当然是相当重要的一部，因为其中有 UFO 的典型形象。不过该片的主题实际上是警告人类可能因核武器而毁灭。2008 年的同名翻拍片也没有将主题集中在 UFO 问题上。直接将主题集中在 UFO 问题上的影片，有这样几部值得注意。

《夜空》(*Night Skies*，2007)，讲述六个人遇见 UFO 的故事，最后被证明是只是他们的幻觉——这种现象在实际出现的大量 UFO 报告中占有重要位置。

《第三类接触》(*Close Encounters of the Third Kind*，1977)，讲述美国军方以“毒气泄漏”欺骗民众转移清场，然后秘密设立基地与 UFO 联络。最终一位 UFO 痴迷者被外星人选中而“升天”。

《第四类接触》(*The Fourth Kind*，2009)，认为人类与 UFO 的接触分为四类：一是看见飞碟；二是看见证据（比如麦田圈之类）；三是与外星人有交往；四是被外星人劫持。影片利用故事情节，悲愤控诉了那种拒绝考虑任何超自然力量可能性的、僵化死硬的唯科学主义立场。

关于 UFO 最权威、最集大成的影视作品，当数斯皮尔伯格监制的 10 集电视连续剧《劫持》(*Taken*，2002)，因为每集长达 90 分钟，所以也可以视为系列电视电影。影片采用史诗形式，通过美国三个家族四代人——其中有人是人类与外星人的混血——之间的恩怨情仇，呈现了几乎所有传说中与 UFO 有关的情景和猜想。影片中外星人来地球的动机，是想通过与地球人混血来改良它们自己的“人种”。《劫持》在一般影视观众中知名度很小，但实为UFO爱好者必看作品。

电视剧《劫持》（*Taken*，2002）

《血祭》：科幻作家的新尝试[1]

□ 我觉得《血祭》几乎已经不能算一本科幻小说了。它是一本用人类Y染色体谱系树、人类迁徙路线、人类学、考古学、文物修复等知识包装起来的探案小说。不过作者对案情的设想足够奇特，对Y染色体谱系树和人类迁徙路线方面的“科普”也相当成功，作为一部富有文化意蕴的探案小说，应该说是非常成功的。近结尾处羊路呈现了佛门所云修行大圆满者的“大迁转虹光身”，既适度引入了神秘主义，也形成了开放式的结局——可能真是超自然的“虹化”，也可能只是魔术障眼法。类比好莱坞电影常用的招数，这个结尾也留下了拍摄续集的接口。

■ 或者也可以认为这是一本新型科幻，即把科学的内容，与传统文化的、民族的、地方性的知识系统，甚至神话的内容结合起来。虽然此书对于情节的叙述在原则上还可以用现代科学的逻辑来解释，不过在隐约之间，这样的叙事方式还是给人留下了一些超越现代科学解释的可能空间。而其中羊路对那种神秘的仪式的向往、追求乃至不顾一切的实施，也带给读者一种更有人文特色的文化统的寓意。

□ 你的措辞相当微妙，“超越现代科学解释的可能空间”是一种令人遐想的说法，它肯定是以前那些认定科幻只能为“科普”服务的人所不愿听见的。其实科幻、魔幻、玄幻等，并无明确的界限，西方人常用“幻想作品”这样一个笼统的措辞，就可以将这几类作品都包容在内。

幻想作品的创作，当然需要思想资源，但这种幻想的思想资源并非只有科学才能提供，神话传说也可以提供，甚至神秘主义也可以提

---

① 文中，□指江晓原，■指刘兵。

供。在《血祭》，王晋康就同时从神话传说和神秘主义中汲取思想资源。其实这很正常，阿西莫夫甚至在他的科普作品中也照样从神秘主义那里汲取资源呢！

■ 传统“科普”其实只认同一种最狭义的、主流的、西方近现代的科学。不要说神秘主义，就是许多“标准”的科幻作品，在这种狭义科学的立场下，也是不可能达到那种宣传和普及目标的。而另一方面，至少就科幻来说，其中的“科学”其实只是一种在文学形式中所采用的概念化的框架。如果这样相对于最狭义的科学理解的松动一旦可以成立，那么进一步的松动为什么就不可能呢？因为原则上讲，这里很难在可接受和不可接受的“科学”之间划出一条明确的界限。像《血祭》这样的作品，其实也只不过把这条模糊的界限向另一个极端又推进了一些而已。

□ 确实可以这么看。这种松动可以视为不断寻求新的思想或灵感资源的努力，是作家寻求超越自己的努力的一部分，对于成名作家来说更是如此。作家超越自己，当然有多种路径，比如不断尝试新的写作技巧、开拓新的主题等。对科幻作品而言，还有一条似乎是现成的路径，就是在所谓“硬”的科学技术方面不断“与时俱进”——当然我们知道，仅仅这样的“与时俱进”实际上并不能真正带来超越。而王晋康的超越努力，从我们近年曾经先后评论过的几部作品来看，主要表现在对新的思想资源的寻求和接纳上。这部《血祭》在我看来就是这样的努力之一。

■ 对于一位作家来说，拓展题材也是非常重要的一种探索，《血祭》在王晋康的作品中似乎比较独特。他在处理神秘主义的要素时还显得比较谨慎，是留有余地的。不过阅读这样的作品，还是会感到其中对科学内容的讨论，和对待神秘主义之间略有一些不协调，作者似乎总在力图把某些东西拉向科学。也许我们可以设想，如果作者更极端一些，把那些“不科学”的内容更纯粹地呈现出来，那又会怎样呢？毕竟，那些内容在某些地域的不少人当中还是颇有影响的，而且仅靠科学的分析，至少就我们所见，并不一定就能在实质上真正有效地消除那些影响。

□ 和先前《蚁生》《十字》这类以思想深度见长的作品不同，《血祭》让我感觉到某种游戏性质。

首先，我觉得《血祭》可以称为“同人小说”——王晋康不仅交替使用第一人称来叙述故事（这意味着他自己是故事中最主要的两个人物之一），而且将他生活中的许多朋友都写进了《血祭》中，成为重要人物。其中有几个这次我们在成都都遇见了。大家对于自己在小说中被编派为盗窃文物、爱上罪犯等，似乎都毫无意见，反而觉得这样挺好玩。这实际上是将《血祭》变成了一众朋友的共同游戏。

其次，《血祭》中所叙述的上古羌族、汉族的迁徙故事，是将遗传基因、人类学、考古学、神话、宗教等知识混合应用而建构起来的，披着科学的外衣，但也有戏说的成分。

还有，根据《血祭》和他先前的某些作品比如《类人》等，我感觉王晋康对于探案小说是相当喜欢的。他曾在小说中自嘲想过一把福尔摩斯瘾，那么在《血祭》中，他就直截了当地过起这个瘾来了。

■ 这种“同人”和“游戏”的特点，在《血祭》中确实都很突出。但我还是更偏爱你说的那些“以思想深度见长”的作品。不过我们还是可以从《血祭》中看出多种积极意义，首先，就传统科普的立场来看，作者在情节中融入了诸多有关人类起源学说、人类 Y 染色体谱系树、人类 DNA 测序、考古学、文物修复等知识，恰恰很像过去人们常说的那种“寓教于乐”的科普方式。但另一方面，如果更强调科学文化的风格，此书也有若干可圈可点之处。其中我最看重的，是对于那些民族地方性文化的叙事，这自然就包括了神秘主义的内容在其中。这对于传统的科普或科幻，是很有解构性的。可惜的是这样的叙事还不太明确，似乎有些担心与科学相冲突而仅仅作为悬念出现。其实，科幻本来也并不一定非就要在科学上如何正确，以前神秘主义之曾是一片雷区，一位中国科幻作家能够触及这样的话题，已经是比较大胆的探索了。

宇宙：隐身玩家的游戏桌还是黑暗森林的修罗场？
从《完美的真空》到《三体》

莱姆的奇异小说

波兰作家斯坦尼斯拉夫·莱姆（Stanislaw Lem）初版于 1971 年的《完美的真空》，曾在国内最好的书店之一被尽职的营业员放入“文学评论”书架，而此书实际上是一部短篇科幻小说集。

之所以会出现这种状况，是由于莱姆别出心裁地采用评论一本本虚构之书的形式来写他的科幻小说——共 16 篇，每篇小说就以所虚构的书名为题，但这些被评之书其实根本不存在，全是莱姆凭空杜撰出来的。在文学史上，这种做法并非莱姆首创，在他之前已经有人用过。但是在科幻小说史上，莱姆也许可以算第一个这样做的人。在每篇评论的展开过程中，莱姆夹叙夹议，旁征博引，冷嘲热讽，插科打诨，讲故事，打比方，发脾气，掉书袋……逐渐交代出了所评论的“书”的结构和主题，甚至包括许多细节。

我猜想，莱姆采用这种独特的方式来写科幻小说，目的是既能免去构造一个完整故事的技术性工作，又能让他天马行空的哲学思考和议论得以尽情发挥。

但是《完美的真空》的最后一篇，也是最长的一篇，即《宇宙创始新论》，又玩出了更新奇的花样——这回不再是“直接”评论一本虚构的书了，而是有着多重虚拟：一部虚构的纪念文集《从爱因斯坦宇宙到特斯塔宇宙》中，有一篇虚构的“诺贝尔奖颁奖典礼上的发言稿”，发言者是虚构的物理学家特斯塔教授，他介绍和评论一本“对他本人影响至深”的虚拟著作《宇宙创始新论》，此书的作者阿彻罗普斯自然也是虚构的。

这可以说是莱姆所有科幻小说中最具思想深度的一篇。这篇小说——事实上它已经是一篇学术论文——主要试图解释这样一个问题：既然宇宙那么大，年龄那么长，其中有行星的恒星系统必定非常多，为什么人类至今寻找不到任何外星文明的踪迹？这就是所谓的“费米佯谬”。下面要讨论的是更深一层的问题。

莱姆的宇宙：隐身玩家的大游戏桌

我们以前一直习惯这样的思想：宇宙（“自然界”）是一个纯粹“客观”的外在，它“不以人的意志为转移”，至少在谈论“探索宇宙”或“认识宇宙”时，我们都是这样假定的。这个假定被绝大多数人视为天经地义。

但是莱姆在《宇宙创始新论》中，一上来就提出了另一种可能——“宇宙文明的存在可能会影响到可观察的宇宙”。这种说法实际上也没有多少石破天惊，因为在“彻底的唯物主义”话语中，不是也一直有“征服自然”和“改造自然”的说法吗？这种“征服”和“改造”当然是由文明所造成的，那么莱姆上面的话不就可以成立了吗？

如果同意莱姆的上述说法，那么我们就可以继续前进了——人类今天所观察到的宇宙，会不会是一个已经被别的文明规划过、改造过了的宇宙呢？

莱姆设想，既然宇宙的年龄已经如此之长（比如150亿～200亿年），那早就应该有高度智慧文明发展出来了。这些早期文明来到宇宙这张巨大的游戏桌上，各自落座开始玩博弈游戏（比如资源争夺），经过一段时间之后，他们为什么不可以达成某种共识，制定并共同认可某种游戏规则呢？

如果真有这种情形，那么我们今天所观察到的宇宙，就很有可能真的是一个已经被别的文明规划过、改造过了的宇宙。这个宇宙不是只有一个造物主，而是有着“造物主群”。

这种全宇宙规模的规划或改造，为什么竟是可能的呢？莱姆是这样设想的：

工具性技术只有仍然处于胚胎阶段的文明才需要，比如地球文明。10亿岁的文明是不使用工具的，它的工具就是我们所谓的“自然法则”。物理学本身就是这种文明的“机器”！

换言之，所谓的“自然法则”，只是在初级文明眼中才是“客观”的，不可违背的，而高级文明可以改变时空的物理规则，所以“围绕我们的整个宇宙已经是人工的了”，也就是莱姆所谓的“宇宙的物理学是它的社会学的产物”。

这种规划或改造，莱姆在《宇宙创始新论》中至少设想了两点。

第一，光速限制。在现有宇宙中，超越光速所需的能量趋向无穷大，这使得宇宙中的信息传递和位置移动都有了不可逾越的极限。

第二，膨胀宇宙。莱姆认为，“只有在这样的宇宙中，尽管新兴文明层出不穷，把它们分开的距离却永远是广漠的”。

宇宙的“造物主群”为何要如此规划宇宙呢？莱姆认为，在早期文明（即他所谓的“第一代文明”）来到宇宙游戏桌开始博弈并且达成共识之后，他们需要防止后来的文明相互沟通而结成新的局部同盟——这样就有可能挑战“造物主群”的地位。而膨胀宇宙加上光速限制，就可以有效地排除后来文明相互“私通”的一切可能，因为各文明之间无法进行即时有效的交流沟通，就使得任何一个文明都不可能信任别的文明。比如你对一个人说了一句话，却要等8年多以后——这是以光速在离太阳最近的恒星来回所需的时间——才能得到回音，那你就不可能信任他。

这样，莱姆就解释了地外文明为何“沉默”的原因——因为现有宇宙“杜绝了任何有效语义沟通的可能性”，所以这张大游戏桌上的

“玩家”们必然选择沉默。同时莱姆也就对“费米佯谬”给出了他自己的解释：作为“造物主群”的老玩家们，在制定了宇宙时空物理规则之后选择了沉默，所以他们在宇宙大游戏桌上是隐身的。

在这样的规则之下，新兴的初级文明不可能找到老玩家们。那种刚刚长大了一点就向全宇宙大喊“嗨，有人吗？我在这儿”的文明，不仅幼稚，而且危险。莱姆将此称为“无定向广播”，也就是现今有些人士热衷的“METI 计划”，莱姆认为这“一概弊大于利”。

刘慈欣的宇宙：黑暗森林中的修罗场

在莱姆的设想中，宇宙的“造物主群”虽然强大而神秘，但未必是凶残冷酷的，“玩家们并不以关爱或者垂教的态度与年轻文明沟通”，他们既没有兴趣了解别的文明，也不让别的文明来了解自己，但他们“希望年轻的文明走好”，而不是穷凶极恶只要发现一个新文明就立刻毁灭它。

然而，在被誉为当今中国最优秀的科幻作家刘慈欣的小说《三体》系列中，一种悲观的深思臻于极致。在他笔下，宇宙从一张神秘的游戏桌变为“暗无天日”的黑暗森林。在《三体Ⅱ：黑暗森林》末尾他告诉读者：

> 在这片森林中，他人就是地狱，就是永恒的威胁，任何暴露自己存在的生命都将很快被消灭。这就是宇宙文明的图景。

而他的“地球往事”三部曲的最后一部，书名是《三体Ⅲ：死神永生》。

“死神”是谁？就是莱姆笔下制定现今宇宙物理规则的玩家，不过在《三体》中他们的规则是，一发现新兴文明就立刻下毒手摧毁它。

在《三体Ⅲ：死神永生》中，刘慈欣让一个这样的玩家现身了：

“我需要一块二向箔，清理用。”歌者对长老说。

“给。”长老立刻给了歌者一块。

……

“您这次怎么这样爽快就给我了？”

“这又不是什么贵重东西。”

“可这东西如果用得太多了，总是……”

“宇宙中到处都在用。”

在这段对话中，“歌者”只是那个超级玩家文明中地位最低的一个“清理员”，他申请这一小块“二向箔”干什么用？用来毁灭人类的太阳系！方式是将太阳系“二维化”——使太阳系变成一张厚度为零的薄片，我们的地球文明就此玉石俱焚，彻底毁灭了。这种“维度攻击”，正是莱姆所设想的对时空物理规则的改变。

百年科幻：中国与西方接轨，刘慈欣却反潮流

当代国际科幻的主流纲领

虽然有了刘慈欣的雨果奖，有了《三体》这样成功进入英语世界的作品，但是坦白地说，科幻在中国，至今仍是一个既小众又低端的圈子。科幻被许多知识分子和广大公众看成是“科普”的一部分，就是编一个假想的故事逗青少年课余看着玩玩的。至于目的嘛，即使拼命往“高大上”里说，也就是“唤起青少年对科学的热爱”而已。

对于许多上了一点年纪的人，你如果和他谈到科幻，他唯一能想起的作家名字就是儒勒·凡尔纳（Jules Verne）。不错，这个名字在昔日以苏联为首的社会主义阵营国家中，确实长期占有特殊地位，但那是在浓厚的意识形态斗争背景下作出特殊选择的结果。这种“凡尔纳一枝独秀”的状态，遮蔽了广大公众乃至许多学者的视野，使他们看不到或不愿意睁眼去看国际上已经持续了一个世纪的科幻创作主流。

当代科幻创作的主流是什么？可一言以蔽之，曰：反思科学。可以毫不夸张地说，在19世纪末跨过凡尔纳“科学颂歌”的旧时代之后，一个多世纪以来，整个西方世界的科幻创作者们——小说作家、漫画家和电影编剧导演们，几乎不约而同地在一个共同纲领下进行他们的科幻创作。这个纲领也可一言以蔽之，曰：反科学主义。

这个纲领是如此强大，以至于赞成这个纲领的人固然会自觉地在这个纲领指导下进行创作，而不赞成或尚未深入思考过这个纲领的

人，也会不自觉地被裹挟着在这个纲领下进行创作。一个多世纪以来，几乎所有西方科幻作品中的未来世界，都是黑暗和荒谬的，就是这个纲领最有力的明证。在这个纲领之下，西方科幻作品以反思科学技术为己任，作品中普遍展示科学技术过度发展的荒谬后果，反复警示科学狂人滥用科学技术对社会的祸害，不断警告资本借助科学技术疯狂逐利最终将极度危害地球环境和公众的安全。

中国的情形与西方世界稍有不同。虽然数百年前的幻想作品比如《西游记》《封神榜》和《镜花缘》，可以用来证明中国人原本并不缺乏想象力，但就思想“血统”而言，这些作品和西方当代的科幻并无相通之处。到了19世纪末，当西方的科幻创作由威尔斯（H. G. Wells）开启持续至今的反思科学传统之时，中国晚清的第一代科幻作家却在全力模仿凡尔纳的科学颂歌，想象着一个又一个高科技的未来太平盛世。

在特殊的历史环境中，这种传统居然一直持续到20世纪80年代。然而改革开放之后，中国的科幻创作迅速完成了与国际的接轨。今天中国的科幻作家们，在整体上已经毫无疑问地汇入了国际的潮流之中。

刘慈欣的反潮流

但是，被誉为“中国科幻第一人”、被视为中国科幻“大神”的刘慈欣，偏偏没有汇入这个潮流之中。相反，他还在以庄子“举世而誉之而不加劝，举世而非之而不加沮”的劲头，以孟子“虽千万人吾往矣”的勇气，坚持着他的科学主义创作纲领。

刘慈欣的《三体》获雨果奖之后，一方面固然是一片赞美之声，另一方面也有许多人对此不以为然，不过他们通常都徒劳地纠缠在“黑暗森林”法则能不能成立、光速能不能超越之类具体问题的争论中，而这类争论既不可能在现阶段获得确切结论，对于赞美或贬低刘慈欣的作品也不可能在学理上产生任何作用。

刘慈欣

从刘慈欣《三体》第一部初版的2008年起，我已经多次评论过刘慈欣，评论的文本形式不仅有报纸杂志上的书评文章，甚至还有《上海交通大学学报》上的学术论文。但在此次刘慈欣获奖所引起的滚滚热浪中，还有一件重要的事情似乎尚未被认真谈论过——那就是刘慈欣在当代中国乃至世界科幻创作中的反潮流地位。

科学主义最基本的信念，就是相信科学技术可以解决人类社会的一切问题——当然这只能是一个信念，谁都知道永远不可能有得到证明的那一天。而这恰恰也是刘慈欣的信念，他在作品中反复表达和图解了这个信念。网上流传着一个2007年我和刘慈欣在成都“白夜”酒吧的题为“为什么人类还值得拯救”的对谈，刘慈欣在对谈的思想实验中表示“为了延续人类文明将毫不犹豫地吃掉美女”，正是他的科学主义信念所导致的逻辑后果之一。

通常，人们将一个能产生众多作品的纲领视为富有活力的，而将在其下已经很少有作品产生的纲领视为已经式微的。从当代科幻的整体来看，“反科学主义”纲领经过一个多世纪的科幻创作实践，已被证明是一个富有活力的创作纲领。与此相对，如果说相信科学技术终将解决人类社会一切问题的“科学主义”纲领，曾经催生过凡尔纳的科学颂歌，那么如今它早已成为一个式微的陈旧纲领。

现在的问题是：在科学主义这样一个式微的陈旧纲领之下，为什么竟能产生《三体》这样的一流作品？幸好，在拉卡托斯（Imre Lakatos）的科学哲学理论中，这样的现象是可以得到合理解释的。按照他的理论，我们永远无法判定任何一个研究纲领已经彻底失去活力。所以，一个式微的纲领，在刘慈欣这样的“大神”手下，仍然有可能产生一流作品。换句话说，《三体》的成功，并不能成为科学主义纲领优秀的证明，但是可以成为刘慈欣创作能力强大的证明。

为何刘慈欣和当代潮流殊途同归

非常有趣的是，刘慈欣虽然持有强烈的科学主义信念，他的《三体》却并没有科学主义纲领之下应有的乐观主义。

通常，科学主义信念一定会向读者许诺一个美好的未来。凡尔纳的那些科学颂歌当然是如此，凡尔纳科幻中国版本的标志性作品《小灵通漫游未来》也是如此。这种描绘将来科学技术如何发达、人类生活因而将如何美好的科幻作品，很自然地会被作为适合少年儿童阅读的科普读物。但是纵观刘慈欣的一系列小说作品，正如他的粉丝们怀着复杂的心情所发现的那样，刘慈欣对未来是越来越悲观了。《三体》更走向了大悲极致——人类文明被轻而易举地毁灭了。

严锋教授在评论文章《创世与灭寂：刘慈欣的宇宙诗学》中写道：

> 刘慈欣已经远离了传统的革命英雄主义，开始走向黑暗的宇宙之心，却依然可以听到遥远的革命精神的回响。因为，为了总体而牺牲个体，为了目标而不择手段，这依然可以视为过去的革命逻辑的极端展开。

这段话已隐隐触及上面那个问题的核心：刘慈欣抱持科学主义信念，又有着极大的反潮流勇气，为什么在悲观的未来这一点上，竟会和反科学主义纲领下的当代科幻主流殊途同归了呢？

答案可能相当出人意表：是因为刘慈欣在他科幻小说特设的“思想刑讯室”里，对人性进行了科幻所特有的严刑逼供。这样的严刑逼供，必然让读者看到人性的最黑暗之处。正是人性的黑暗，拖曳着刘慈欣笔下的角色们，走向无可避免的悲观未来。虽然刘慈欣始终将希望寄托在科学技术上，但科学技术能改变人性吗？

而在刘慈欣身旁，日益展现活力的中国当代科幻创作，已经汇入当代国际潮流，大批反思科学的作品正在源源不断地问世。如果说中国科幻与国际接轨是一种殊途同归的话，那么当代科幻主流与刘慈欣的反潮流，又形成了另一道殊途同归的景观。

远离科普，告别低端：写在《三体》获雨果奖之后

刘慈欣的小说《三体》系列，2006 年起在《科幻世界》杂志上连载，小说第一部的单行本初版于 2008 年 1 月，因反响非常好，第二部于同年 5 月未经杂志连载直接出了单行本，2010 年出齐了三部曲的第三部。《三体》英文版第一部于 2014 年在美国出版。2015 年 3 月 23 日，《三体》获得了世界科幻文学两大最重要奖项之一的雨果奖。由于 2015 年 8 月 20 日，刘慈欣作为嘉宾，专程前往上海书展出席了我的新书《江晓原科幻电影指南》的发布会，所以他本人并未去美国领奖，网上遂有“刘慈欣为江晓原新书站台错过了雨果奖领奖仪式”“刘慈欣刚给江晓原站完台就得了雨果奖”等耸人听闻的说法。这些说法虽属半开玩笑，但笔者对《三体》的评价，倒确实有一点与众不同之处。这说来稍微有点话长。

《三体》三部曲

中国科幻“小众又低端”的窘境

刘慈欣曾多次向我表示，他认为中国的科幻仍是很小众的。据我和国内科幻圈子为时尚不很长的交往中见闻所及，大刘的说法无疑是准确的。但我发现的另一点竟是，在这个小众的圈子之外，在许多人心目中，科幻又是很低端的。这一点无疑会让中国的科幻作家和科幻爱好者感到悲哀。

造成这种“小众又低端”局面的原因何在呢？其实很简单，就在于中国科幻和“科普”之间那种不恰当的关系。在许多中国人心目中，科幻就是“科普”的一部分，甚至就是“儿童文学”的一部分。这绝不是我的夸大其词，举一个例子来佐证：知道《三体》英文版第一部在中国的发布会是在哪里举行的吗？是在2014年上海一个童书展上！

其实我还有更猛、更鲜活的例子，不过我希望这里已经不需要再举了。

科幻在国内的这种荒谬定位，导致她多年来被迫屈居低端，备受冷落。中国科幻的小圈子往往给人“自拉自唱”的感觉，大刘说中国科幻仍然小众，也是类似的感觉。对此我也可以举一个例子来佐证：2013年我作为评委会主席参加第四届全球华语科幻文学颁奖大会，那是一种为期数日的大型会议，但那次会议的经费竟只有5万元，主办方不得不想方设法尽量节俭才将会办成；而稍后我参加一个中等城市举办的关于道教的小型高层学术研讨会，会期仅一天，会议经费却有200万元。道教肯定不是国内最有钱的宗教，但科幻看来真的是国内最清贫的圈子之一了。

正因为这种现状，我在第四届全球华语科幻文学颁奖大会作了题为“远离科普，告别低端”的报告，提出了我的想法：科幻在国内既然已经小众了，就要尽力走高端路线，而这个高端路线就是努力和传统的“科普”拉开距离。当然我知道，迄今仍有不少人士对我的这个想法不以为然。

但我的这个想法并非当时临时起意，而是已经形成了相当一段时间。而且我也试图在条件允许的情况下尽可能实践这个想法——这下我们就又要回到《三体》上了。

《三体》为“费米佯谬”提供了中国解答

2008 年，也就是《三体》头两部出版的当年，我就和同事穆蕴秋博士——当时她还是我指导的在读博士研究生——在《上海交通大学学报》第 16 卷 6 期上发表了论文《科学史上关于寻找地外文明的争论——人类应该在宇宙的黑暗森林中呼喊吗？》，我们在论文中揭示了《三体》在探讨外星文明方面所做出的学术贡献。这篇论文的主要观点，又在次年作为“国际天文年特稿”发表于《中国国家天文》杂志上。

通常对于一部小说，无论我们评价多高，它终归只是“文学作品”，人们能够谈论或揭示的，似乎也只能是它的“文学价值”，它怎么可能对于理解外星文明这样极度高端的科学问题做出学术贡献呢？

关于外星文明的猜想由来已久，随着天文学的发展，有些科学家开始将探索外星文明当作一件“正经事”来做了。这些科学家中，有在科学上做出了成就同时又在大众传媒中颇负盛名的，比如卡尔·萨根（Carl Sagan）。萨根曾估计银河系中“先进技术文明”的数量大约在 100 万个的量级；他还倾向于相信外星人曾经在古代来到过地球。当然，更多的科学家仍然认为这类想法是不值得认真对待的。著名物理学家费米（Enrica Fermi）本来并不是这场争论中的重要人物，但是他的一句随口之言却成为外星文明探索中的纲领性论题——尽管在费米一生的勋业中，这根本排不上号。

1950 年夏天某日早餐后的闲谈中，费米的同事们试图说服他相信外星文明的存在，费米随口说道：“如果外星文明存在的话，它们早就应该出现了（If they existed, They’d be here）。”由于费米的巨大声望（此时他获得诺贝尔奖已经十多年了），此话流传开后，一些人将其称为“费米佯谬”（Fermi Paradox）。

“费米佯谬”虽然只是费米随口说的一句大白话，但背后确有一定的理论依据。如果宇宙被认为是“无限”的——无论是时间上还是空间上都是无限的，如果我们又承认在宇宙间出现其他高等文明的概率不为零，则宇宙间必定已经有了许许多多高等文明。即使我们接受当代的主流宇宙理论，比如目前尚属主流的大爆炸理论，宇宙的年龄可能达到200亿年。考虑到宇宙如此广大，年龄又如此长久，也会得出同样推论。可是，为什么我们至今还没有遇见一个外星文明呢？

半个多世纪以来，西方学者对于“费米佯谬”至少已经提出了50种解释，大致可以分成三大类：第一类，外星文明已经来到过地球，只是我们无法发现或不愿承认；第二类，外星文明存在，但由于各种原因，它们还未和地球进行交流；第三类，外星文明不存在。

第一类解释中，包括“动物园假说”——认为地球就是先进外星文明设置的一个宇宙动物园。又有“隔离假说”——先进外星文明为此留下地球不受干扰地单独存在着，为它们提供原生态的宇宙文明信息资源。以及“天文馆假说”——人类很可能是生活在一个虚拟世界里。在这类解释中，还有主张外星人已经混杂在地球人类中间的；主张智慧外星人类似全能上帝的；甚至主张地球人类本身就是外星人——当然这个主张并不能消解“费米佯谬”。

第二类解释又有几条不同的路径。比较唯物的如外星文明过于遥远、它们目前还没有和我们直接接触的星际航行技术、它们也在向我们发射信号只是我们尚无能力接收或理解等。或者设想外星文明对地球文明没有兴趣（比如嫌地球文明太原始），或它们对别处的文明更有兴趣，或是外星文明认为与外界接触是危险的。

第三类解释相对比较简单，基本上是论证人类的地球在宇宙中是独一无二的。其中包括我们的太阳系和地球的环境独一无二、生命进化到人类这个地步是概率极其微小的事件等。这些解释都可以归结为“珍稀地球假说”。

上述50种“费米佯谬”的解答，全部出自西方的科学家之手，其中有许多是以学术文本发表在科学刊物上的，当然也有一些来自极具思想深度的幻想小说——比如波兰科幻小说作家斯坦尼斯拉夫·莱姆（S. Lem）的《宇宙创始新论》就是这样的作品。半个多世纪以来，中国人始终未能在这个问题上插过一句嘴。

直到《三体》第二部《黑暗森林》问世，情形才有了改变。“费米佯谬”及其解答可以说从头至尾贯穿了这一部。刘慈欣对“费米佯谬”提出了一种较为精致的解答——黑暗森林法则。它基于两条基本假定和两个基本概念之上。两条基本假定是：第一，生存是文明的第一需要；第二，文明不断增长扩张，但宇宙中物质总量保持不变。

两个基本概念是：

“猜疑链”，由于光速不可超越，直接导致宇宙中各文明之间无法进行即时有效的沟通和交流（比如试图和4光年以外的文明交流，你的一句话必须等待至少8年才会得到回应），这使得“猜疑链”无法截断，所以任何一个文明都不可能信任别的文明（在我们熟悉的日常即时有效沟通中，即使一方上当受骗，也意味着“猜疑链”的截断）。

“技术爆炸”，是指文明中的技术随时都可能爆炸式地突破和发展，这使得对任何远方文明的技术水准都无法准确估计。

由于上述两条基本假定，只能得出这样的推论：宇宙中各文明必然处于资源争夺中；而“猜疑链”和“技术爆炸”使得任何一个文明既无法相信其他文明的善意，也无法保证自己技术上的领先优势。所以宇宙就只能是一片弱肉强食的黑暗森林。在小说结尾处，刘慈欣借主人公罗辑之口明确说出了他对“费米佯谬”的解释：

> 宇宙就是一座黑暗森林，每个文明都是带枪的猎人……他必须小心，因为林中到处都有与他一样潜行的猎人。如果他发现了别的生命……能做的只是一件事：开枪消灭之。在这片森林中，他人就是地狱，就是永恒的威胁，任何暴露自己存在的生命都将很快被消灭。这就是宇宙文明的图景，这就是对费米佯谬的解释。

也就是说，宇宙中各个文明必然处在绝对的敌意中。只要发现任何别的文明，唯一正确的策略就是立即对它发起进攻并尽力消灭它，所以宇宙中的任何高等文明绝不会主动暴露自己的存在，这就是我们发现不了外星文明的原因。

刘慈欣的这个解答，是中国人对“费米佯谬”贡献的第一个解答。

这个解答还有一个非常重要的推论：至少在现阶段，任何主动向外星发射地球信息的行动，比如各种METI（Message to the Extra Terrestrial Intelligence）项目，都是极度危险的。人类主动向外太空发送自己的信息，实际上就成为在黑暗森林中点了篝火还要大叫“我在这儿”的傻孩子。而这个观点正是我一贯主张的，前不久甚至史蒂芬·霍金（S. Hawking）也明确表达了同样的观点。

《三体》为中国科幻树立了新标杆

为什么要在这里不厌其烦地解释刘慈欣对“费米佯谬”贡献的解答？我就是想用这个例子来说明，一部科幻小说可以“高端”到什么程度。说句有点自大的话，即使在刘慈欣已获大奖的今天，赞美之声铺天盖地，但要想在大学学报之类的学术刊物上找到对《三体》思想价值乃至科学贡献的学术评价，估计也不多吧？

想想看，《三体》这样一部足以自立于世界科幻之林、甚至在科学上也有所贡献的作品，怎么可能还和“科普”“儿童文学”扯在一起呢？虽然大刘告诉我，他也领取过“儿童文学”的奖项，他甚至还让少年儿童出版社出版他的小说集，但是，到今天，这一切确实应该改变了。

被认为是中国科幻小说最优秀的三位作家之一的韩松，在读了《三体》第三部《死神永生》之后，发表感想说：“我们以前写的那些东西——至少是绝大多数，在《三体》面前，简直不值一提。”他认为刘慈欣已经“将我们写的那些科幻小说碾得粉碎”。韩松的话虽然稍有夸张，但作为一个优秀同行，能说出这样毫无保留的赞美之辞，确实表明了这样一点：《三体》为中国科幻树立了新的标杆。

几年以后，在2012年《上海交通大学学报》第20卷2期上，我和穆蕴秋博士又在《科学与幻想：一种新科学史的可能性》的论文中，论证了这样一个观点：我们可以将科学幻想视为科学活动的一部分。事实上，在科学史上这样的例证不胜枚举，而《三体》恰好可以成为一个当代的新例证。

按照这种观点，仅凭《三体》系列小说中的思想价值，刘慈欣就有资格成为中国当代科学共同体的一员——不过他原先就是电厂的工程师，按照中国通行的定义，这已经是科学共同体的成员了。